発達・子育て相談のコツ

小児精神・神経科医の100問・100答

広瀬宏之
Hiroyuki Hirose

岩崎学術出版社

はじめに

本書は、子育て相談でよく聞かれる百の質問に対して、小児精神・神経科医である筆者が、発達や心理の視点を織り交ぜながらお答えしたものです。

便宜上、おおよその年齢順に配置してありますが、一つ一つの質問に連続性はなく、読者の皆様は、気の向くところから拾い読みしてくだされば結構です。

本書により、日々の子育てに悩んでいるお母さんの気持ちが、少しでも楽になることを祈っています。また、小児科医や保健師など、子育て相談を担当している専門職の方々にも、支援の一例として参考にしていただければ、より嬉しく思います。

なお、本書の由来は「おわりに」をご覧ください。

目次

Ⅳ　思春期・青年期　163

Ⅰ　乳児期・幼児前期

三歳くらいまでのこの時期では、お子さんの安心感を育むことが最大の目標です。子どもは「困ったら泣く」といったようなメッセージを発し、それをお母さんや周囲の大人が解決してあげる、解決できない時は慰めてあげる。それによって子どもは「困った時は誰かが助けてくれる」ということを学び、それが生涯の財産になるのです。

相談1　もうすぐ生まれる子の習い事をどうしよう

もうすぐ子どもが生まれるのですが、習い事をどうしようか悩んでいます。生まれてからでもいいかなと思うのですが、スポーツや音楽などさまざまな習い事があって、子どもの成長に影響すると思うとなかなか決められません。

◆一番大切なのは資質を見極め伸ばしてあげること

子育てで一番大切にしたいのは、その子の生まれ持った資質を見極め、それを伸ばしてあげることです。人は誰でも、生まれつき得意なことと苦手なことがあります。そのほとんどは、両親からの遺伝子によって受け継がれます。「変なところはお父さんに似たんだねえ」というセリフは、遺伝ということの言い換えです。

厄介なのは、得意なことでも、努力しないと伸びていかないことです。

もっと厄介なのは、苦手なことは、努力してもなかなか伸びていかないことです。苦手なことを、スパルタのように特訓すると、どうなるでしょう？　少しでも得意になれば良いのですが、大抵は苦手なままです。しかも、苦手意識だけが残ってしまうのです。筆者にとって、運動がそれにあたります。

さらに厄介なことは、何が得意で何が苦手か、生まれた時には、よくわからないということです。何年か生きてみて、ようやく得手・不得手が見えてくるのです。

ですから、習い事を選ぶときの原則は、いろいろやってみるということです。あれこれ試してみて、楽しくできて、伸びていきそうなのを選んでいけばよいのです。

苦手なことこそ、習い事で練習した方がよいという考え方もあります。それも悪くはないのですが、上手に練習しないと、失敗体験だけが積み重なって、たかが習い事なのに、自己肯定感がどんどん低下してしまいます。

そうではなく、「好きこそものの上手なれ」を原則とし、楽しく取り組めることを選択しましょう。「鵜の真似をする烏」ということわざがあるように、生まれ持った資質に合った事が一番です。

習い事とはいえ、ちゃんとした選択をしないと成長に影響するかもしれませんね。

相談2　七カ月の息子が目を合わせてくれない

七カ月の息子が、抱っこのときにあまり目を合わせてくれません。いつもキョロキョロと落ち着きがなく、私が目を合わせようとしているのにあきらかにそらされることが多く、うまくコミュニケーションがとれません。発達の問題があるのでしょうか？

◆その子なりのコミュニケーションを尊重してあげましょう

目が合いにくいというそれだけで、発達の問題に結びつけてしまうのは、心配のしすぎと言うものです。

「目と目で会話をする」というように、さまざまなコミュニケーションの中で、見つめ合う行為はとても情報量の多いコミュニケーションです。目の合わせ方には文化の差もあります。欧米人の目の力はとても強く、日本人がたじろいでしまうほどです。でも、欧米人の方がコミュニケーション能力が優れているわけではありません。

「明らかに視線を逸らしている」ということは、お母さんの視線を認識した上での行動のようにも思えます。一般に、発達の問題のあるお子さんの視線は、ぼんやりと宙を漂う感じです。小さいうちから意識して逸らすことはあまりありません。

明らかに逸らすのは視線による刺激が強いからです。じっと見つめられるとどぎまぎしてしまいます。「目をじっと見つめられると頭が真っ白になって、思わず視線を外してしまう」という人もいます。

視線の感じ方には、文化だけでなく、個人によっても濃淡があります。じっと見つめられるのが苦手な赤ちゃんもいるでしょう。こういった赤ちゃんに、強い視線を浴びせかけてもコミュニケーションはうまくいきません。

視線ではなく顔と顔が向き合う程度にする、あるいは、横並び、斜め並びくらいの、面と向かっていない位置関係で、声かけや抱っこなどしてあげるとスムーズなコミュニケーションになると思います。

このあと一歳を過ぎて、言葉の発達や、人との関わりの発達を待って、発達障害かどうかはわかってくると思います。でも、何歳であっても、その子なりのコミュニケーションを尊重してあることが大切です。

相談3　八カ月の子が人見知りや後追いをしない

生後八カ月のおっとりした性格の赤ん坊です。人見知りや後追いをしないのですが何らかの発達の遅れや自閉症の資質が原因なのでしょうか？

◆人への興味や関心がしっかりあれば心配はない

人見知りは生後半年から一歳過ぎまで、後追いはもう少し遅れて、生後八カ月から一歳半くらいに認めます。個人差が大きいのですが、多くの母親を悩ませます。

いずれも記憶力の発達と関係があります。人見知りは両親とそれ以外の区別がつくようになったこと、後追いは母親が目の前にいないとそのイメージを思い浮かべることができないことによります。

人見知りのない子どもは、大家族などで多くの大人に慣れている場合、おおらかで不安の強くない場合、人見知りしているけれども表に出にくい場合などがあります。後追いがないのも同様です。

一方で、発達に何らかの問題がある場合に、人見知りや後追いが目立たないこともあります。記憶力や知能の発達が遅いと両親と周囲の人間の区別がつきませんから、人見知りも遅れて出現します。母親がいなくても不安でない（生まれたばかりの赤ちゃんがそうですね）くらいの知能のゆっくりさがあれば、後追いも遅れて出現します。

自閉症は人とのコミュニケーションの障害です。一歳前で見極めるのはかなり難しいのですが、抱っこがとても苦手（あるいは、抱っこしていないと泣き続ける）、目が合いにくい、呼びかけても反応が乏しいなどの徴候があります。

自閉症のお母さんたちの多くは、赤ちゃんのころを振り返って「とても大変だった」もしくは、正反対ですが「あまり手がかからなかった」と仰ることがほとんどです。手がかからないというのは外界に無関心ということのあかしです。

発達障害の場合、「おっとりした」という表現をすることは滅多にありません。人への興味や関心がしっかりあれば発達障害の心配はないと思います。もう少ししたら人見知りや後追いが始まるかもしれませんね。

相談4　双子の育て方

双子の育て方に悩んでいます。いつも「わけ隔てなく接しないと」という気持ちがある一方で、成長するにつれて個性が違ってくるので、周囲から比較されることも多くなると思います。今後の子育てでどのように向き合っていけばよいでしょうか。

◆比較はしてもトータルは五分五分に

今回は少し理屈っぽいお答えになります。まず「わけ隔てなく接する」ことと「比較しない」ことは両立しません。わけ隔てなく育てるには、二人を比べ、二人への接し方を比べなくてはなりません。わけ隔てなく接するには比較が不可欠なのです。

「同じような気持ちで接したい」という気持ちもありましょう。個性が違ってきても、親は好き嫌いを言わず、同じ気持ちでいたいのでしょうか？

でも、好き嫌いは誰にもあります。ここで「好き嫌いを言わないように」と思っていると、かえって自分の感情を押し殺し、気持ちを押し殺し続けていると、行動に好き嫌いが滲み出てきます。

そうではなく、自分の中の好き嫌いの気持ちに素直でいた方が、行動には大きな違いが出ません。好き嫌いの気持ちを意識することで、行動には歯止めがかかるのです。一見、矛盾するようですが、そうなのです。

さて、比較に関して言えば、できるだけ比較をしないやり方と、比較はしてもトータルでは五分五分にするやり方があります。

比較しないのは困難です。それは、親自身の育てられ方に影響されるからです。親が、周囲との比較を常として育てられてきていれば、自分の中に、比較される習慣が身についています。ですから、自分が親になっても比較しない子育ては難しいのです。

その場合も、好き嫌いと同じく、比較する習性を押し殺すのではなく、比較していることを意識するようにします。無理に比較しないのではなく、二人の良いところと悪いところの「比較星勘定」が五分五分になるようしていきます。

双子での比較は宿命です。無理に平等を意識しなくても、大丈夫だと思います。

相談5　一歳の息子に英語を勉強させても大丈夫か

一歳の息子に英語を勉強させようか悩んでいます。英語が話せると便利ですが、日本語も覚えてないうちから英語を勉強させても大丈夫か心配にもなります。

◆お子さんが気乗りしない場合は要注意

「母国語は誰でも一様に一定の習得能力が備わっているが、第二言語の習得能力に関しては遺伝子が七～八割を決定する」という研究があります。日本人で言うと、英語の習得能力のかなりの部分は遺伝子で決まっている、ということです。

小生は英会話が苦手で、勉強した割にはちっともうまくなりません。語学の才能がないのだろう、と不貞腐れていたので、これを聞いて少し安心した記憶があります。

言語習得が得意な遺伝子を持っていなければどうしたらよいか？　それは地道な努力しかありません。脳が柔らかい十歳くらいまでに、英語の勉強をコツコツと続ければ、それなりには身につくということです。

ここで、問題が二つあります。まず、自分に語学の才能があるかどうか、どうやって判断すればよいのか？　答えは「やってみないとわからない」です。学習してすぐ身につくかどうかで判断するしかありません。

もう一つは、英語ばかり勉強して日本語は大丈夫だろうか？という心配です。それに関して「二つの言語を同時に学習すると、それぞれを単独で学習した時よりも、九十パーセントくらいの到達度になる」という研究が参考になります。

ここで考えたいのは、子どもの全体発達です。発達に遅れが無い場合、九十パーセントだとしても、それほどのハンデにはならないでしょう。つまり、二カ国語を学んでも大丈夫だということです。ですから、お子さんが順調に発達していれば、ひとまず英語を学ばせてもよいと思います。

ただし、お子さんが英語学習に気乗りがしない場合は要注意です。語学の才能があまりなくてなかなか習得できず、苦手感覚ばかりが強くなるリスクがあるからです。ひどく嫌がる場合は、物心ついて自分から勉強したいというまで、スパルタ特訓をしないほうが賢明でしょう。

相談6　一歳半の息子が著しい多動

一歳半の息子は著しい多動です。ＡＤＨＤではないかと思うのですが、大丈夫でしょうか？

◆小さい子どもは多動が通常

ＡＤＨＤ（注意欠如・多動症）は、その名の通り、不注意や多動が著しい場合につく診断名です。頻度は人口の三～八パーセントと言われています。これは、ＡＤＨＤの症状で本人や周囲に困り感があって医療機関を受診した人の数です。不注意や多動があっても、誰も困っていない場合は受診しませんから、実際の頻度はもう少し高いのではないかと思います。

小さい子どもの多くは多動です。注意が長続きせず、遊びが転々とします。待つことも苦手です。「うちの子はＡＤＨＤ？」と心配してしまう親御さんは少なくありません。

実際には、小さい子どもでＡＤＨＤと診断することはほとんどありません。ＡＤＨＤの診断には「年齢で予想される多動からの著しい逸脱」が欠かせないからです。

小さい子どもは、多動でもそれが通常であり、著しい多動でも、ＡＤＨＤの範疇に含まれることはまずないのです。どんなに小さくても四歳、一般には五歳以降がＡＤＨＤの診断年齢です。そのくらいの年齢になると多くの子どもたちの多動は収まってきて、ＡＤＨＤの多動だけが目立つようになってくるからです。

ＡＤＨＤの原因は脳の中の「抑制系」とよばれる、我慢を担当する部分の発達の遅れです。でも、一～二歳の子どもでは抑制系の発達はまだまだです。それは、好奇心が学習の原動力だからです。自分の周りに起こっているさまざまな出来事、自分に向かって押し寄せて来るさまざまな刺激に、それらの一つ一つに反応して、経験を重ねていくこと、それが学習の推進力なのです。

戦争孤児や被虐待児などで、周囲に全く関心を向けないように育ってしまった子どもたちがいます。刺激があまりに強いので感覚を遮断しないと「身が持たない」のです。こういった子どもたちは、好奇心も少なく、学習も進みません。

小さい子どもの多動は、成長するために必要不可欠な、車で言えばエンジンのような存在なのです。

相談7　一歳六カ月、かんしゃく持ちではないか

一歳六カ月です。思い通りにならないと物を投げたり大声を出したりします。かんしゃく持ちではないかと心配です。

◆嫌なことへの対応策は発達段階によって決まる

生きていると思い通りにならないことが数多くあります。そういう時はどうしていますか？暴れる、大声を出す、文句や愚痴を言う、我慢する、耐える。嫌なことなどなかったかのように振る舞う。趣味や楽しいことで気を紛らわせる。嫌なことに遭遇しないよう要領よく生きていく。思い通りに相手や周囲を変えていく。

それぞれで対応を工夫し、乗り切っていると思います。

どんな対応をするかは、その人の生まれ持った資質と発達によります。大人は自分にあった一番得意な対応をします。暴れがちな人は、体を動かすのが得意なはずです。暴力ではなく、

正しいやり方で激しい運動をしていけば、改善されるかもしれません。仕事でボクシングをするようになったら、道端で人を殴らなくなった有名人もいます。

子どもは発達に大きく左右されます。「思い通りにならない」ことを感じる能力も発達が関連しています。赤ちゃんの頃は、本能に直結した快不快だけが「思い通り」の基準です。発達して世の中の理解が深まると、本能だけでなく、もっと人間らしいことで「思い通り」が判断されるようになります。

対応策も発達段階により決まります。一歳半では運動能力は豊かですが、言葉はまだまだです。思い通りになるように周囲を変える能力など、だいぶ先のことです。発達が進み、言葉が出るようになって、それでも手が出るようならば、かんしゃく（専門的には衝動性といいます）持ちの可能性もありますが、現時点では、そこまでは言えないと思います。

子どもは大人の真似をします。大声の出し合いにならないよう、子どもが叫んでいる時は小声で対応しましょう。物を投げたら、やわらかくキャッチしてあげ、危険がないように配慮しましょう。年齢が上がるにつれ周囲から学習し、上手な対応策が取れるようになっていきます。

相談8　一歳半の息子がお風呂嫌い

一歳半になる息子がいますが、お風呂が大嫌いで、毎回嫌がり大泣きしてしまいます。ビニールプールは好きなので水が苦手というわけではなさそうで、原因がわかりません。毎晩のことなのでとても困っています。何とかお風呂を楽しんでもらう方法はないでしょうか。

◆常識はいったん脇によけてお風呂を楽しいものに

ほかのお子さんより感覚が繊細で過敏なのだと思います。この過敏さは生まれつきなので、すぐには改善されません。無理矢理を続けると、トラウマになって、ますますお風呂嫌いになる可能性があります。さて、どうしたものでしょうか?

ビニールプールでは大丈夫なので、水嫌いということではなさそうですね。ビニールプールとお風呂の違いを分析すれば、そこからヒントが見つかるかもしれません。

水温かもしれません、冷たい水なら大丈夫で、温水だと嫌なのかもしれません。

水のかかる位置かもしれません。腰から下は大丈夫でも、首から上は苦手かもしれません。顔や頭に水がかかるのが苦手というお子さんは少なくありません。

プールは遊び感覚で好きにできるけど、お風呂は義務のようなもので、親の言うことを聞かなければいけない、それが嫌なのかもしれません。

お風呂の空間が苦手なのかもしれません。青空の広がるベランダでのプールとは違って、狭くて暗くて、少し臭いがするのも嫌かもしれません。

お風呂を遊び場にしてみましょう。お湯の温度も低めにしてみましょう。浴槽に浸からないで、シャワーだけにしてみましょう。入浴剤などでデコレーションしてみましょう。体の隅々まで洗うことにこだわらないようにしてみましょう。お風呂ではなく、ビニールプールに温水を入れてお風呂代わりにしてみましょう。

大人の常識は一旦脇によけておいて、お風呂を楽しいものにしてみましょう。

それでもダメなら、もう少し大きくなって忍耐力がつくまで待ってみましょう。焦らずにいきましょう。

相談9　叩いて叱るのは体罰か

うちの子はストレスが溜ると、人を叩いたり噛み付いたりして鬱憤を晴らします。主人は「痛みを教えないと分からない！」と言い、お尻を叩いて叱ります。「真っ暗なトイレに入れる方法もある」とも言います。これって体罰？　と思うのですが、どうでしょうか。

◆感情をぶつけずに注意だけを与える努力を

子育ては時代や文化により変わります。変わらないのは「親は自分が育てられたように子どもを育てる」ということです。そして、子どもは必ずしも親の望むようにはならず、親のようになっていくのです。親が叩くと子どもは真似をするのです。

昔は叩くのが当たり前でした。ひどい体罰もあったにせよ、叩くことが今より許容されていたのはなぜでしょうか？

家族が多かったので、子どもが叩かれて泣いていると、誰かが救いの手を差し伸べ、あとでフォローしていました。地域のおせっかい度も高く、隣家に逃げ込むことも可能でした。さまざまな抑止力があり、自分の感情の赴くまま止めどなく折檻することは困難でした。

現在はすべてが反対です。体罰への歯止めがありません。体罰により子どもは孤立し、人間としての尊厳を失います。大きくなって、親と同じことを行うようになります。大きくならないでも恐ろしいことをしかねません。

叩くことは必ずしも悪くはない、という意見もあります。それは、身体のどこを叩かれるかにもよります。試しに、誰かにいろんな部位を叩いてもらってみてください。どこを叩かれると、一番人間として傷つきますか？

閉じ込めることもよくありました。しかし、それで子どもに親の意図が伝わるでしょうか。子どものしたことが悪いことであり、二度としてはならないこと、そんな時には別のやりかたがあることを、親が言葉で説得力をもって伝えられることが理想です。

自分が育てられた方法は、染みついていてやめられないものです。しかし、ぜひ努力をして、感情をぶつけずに注意だけを与えるようにしてください。

誰かが連鎖を止めなくてはならないのです。

相談10　二歳の息子が友達から玩具を取り上げる

二歳の息子は、友達が自分のおもちゃを触ると「僕の！」と言って、取り上げます。手が出ることもあります。言葉で言ってもよくわからないようで、どうしたらよいでしょうか？

◆「とりかえっこ」遊びからスタートしてみましょう

この時期、「自分のもの」と「人のもの」を区別することはまだできません。「俺のものは俺のもの、人のものも俺のも」なのです。言葉では理解できませんからついつい厳しく対応しがちになります。さてどうしたものでしょう？

一つのアイディアは「とりかえっこ」遊びです。子ども同士だと最初は上手くいきませんから、大人と子どもの間でおもちゃの「とりかえっこ」をします。

子どもの大好きなものを二つ用意し、大人と子どもで一個ずつ持ち、「これをあげるから、それを「ちょうだい」と「とりかえっこ」をしていきます。

子どもがすごく好きなものだと「二つとも欲しい！」になってしまいますから、ほどほどに好きで興味をひくものにしましょう。うまくとりかえっこができたらしっかり褒めてあげます。拍手をしたり「いいこいいこ」をしたりしましょう。自分のものを相手と取り換えたら褒めてもらうという経験を、親との間で重ねていきます。

それができるようになったら、仲の良い子ども同士でおもちゃの「とりかえっこ」をします。この時も、ほどほどに好きなおもちゃがいいだろうと思います。

世の中、所詮はギブ・アンド・テイクです。まずは物々交換からのスタートです。その次は気持ちで満たしてもらう段階です。

子どもにとって我慢できるようになることは大変な進歩です。当たり前だと思わずに、我慢できたことをしっかり褒めてあげ、気持ちをみたしてあげましょう。

大人だって毎日毎日働いて、いろいろな見返りをもらって生きていきます。それは給料だったり、褒め言葉だったり、自己満足だったり、帰り道の一杯のビールだったり、何かしらの見返りがあるからこそやっていられるのです。

子どもにだってそれがないと不公平ですよね。

相談11　二歳の娘が粉ミルクの飲み過ぎ?

二歳の娘は食べないときは食が進みません。粉ミルクを昼間一五〇㎖、寝る前一〇〇㎖、夜中二回それぞれ一〇〇～二〇〇㎖、一日六〇〇㎖くらい飲みます。寝る前や夜中のミルクは卒業したいのですが、「ミルクほしいのー!」と収まらないので、主張どおりにしています。

◆ミルクより楽しいことが卒乳を促す

一歳半以上の夕方以降の授乳は虫歯のリスクを高めます。でも、あげないとぐずるので案配が難しいところです。

栄養面でミルクや母乳に頼らなくなるのを離乳といい、気持ちの面でもミルクや母乳が不要になり、自然と離れていくことを卒乳と言います。精神的な自立の目安になります。離乳は一歳半ころですが、卒乳はもう少し遅くてもよいのです。

まず、ミルクより楽しいことがないと、完全には卒乳し切れません。食事が進んでいないのも気になります。ミルクでお腹がふくれ、食事が進まなくなり、ミルクが減らないという悪循環になっている感じですね。

理想を言えば食事がミルクより美味しくなればよいのです。食事の工夫ももちろんですが、こっそり、少しずつミルクを薄めてもよいかもしれません。

夜のまとまった睡眠はとれていますか？　子どもは環境に敏感ですので、温度や湿度を調整し、暗くて静かな環境にも配慮してください。

子どもは昼間受けた刺激を処理しきれないで眠りにつくことがあります。見るもの聴くものすべて新鮮ですから、大人より興奮します。しかも、子どもの脳は大人に比べて情報処理能力が低いのです。したがって、寝ている間にも「刺激の消化」が起こります。消化しきれない場合は覚醒したり、うなされたり、寝ぼけたりします。

消化を促進するためには、寝酒に相当するような、気持ちを落ち着ける儀式や行為が必要です。寝る前は大目に見て、時間をかけてこころゆくまでミルクを飲ませ、心身ともに満腹になって眠るとよいかもしれません。

こういった工夫をして、それでも難しければ、もう少しの間はやむを得ないかと思います。

相談12　二歳のわが子が人前で踊れない

二歳ですが音楽にあわせて体を動かしたりしません。自宅で周囲に誰もいなければ、音楽に合わせて踊っています。シャイな性格と思いますが、人前でも恥ずかしがらずに身体を動かしてほしいと思っています。

◆他の得意なことを伸ばしてほしい

「雀百まで踊り忘れず」ということわざがあります。雀は死ぬまで飛び跳ねる癖が抜けないことから、幼いときに身につけた習慣は何歳になっても改まりにくいことをいいます。「三つ子の魂百まで」もほぼ同じです。いわゆる「三歳児神話」と合わせ、早期の生育環境が大事なことに結びつけて考えられがちです。

しかし、これまで環境で身につくと考えられていたことでも、実は遺伝的に決まっていることが多くあります。性格の多くがそうです。環境は影響を与えこそすれ、根本の原因ではないのです。

シャイが良い例です。まず、遺伝的に規定されている面があります。生まれつき人見知りが強く、緊張しやすい人です。こういう人は人前で手のひらにじっとり汗をかきます。経験をつみ、度胸がつくと多少は改善しますが、基本的には変わりません。

環境によってシャイになってしまう場合もあります。周囲の評価を絶えず気にする人です。小さい頃から評価に曝され、失敗を極度に恐れます。自信の無いことは人前でしません。この場合、自信の無いことを特訓し過ぎないことです。特訓でできるようになればまだしも、上手くいかないと失敗体験だけが残り、よけい引っ込み思案になります。

お子さんの場合、どちらかと言うと生まれつきの恥ずかしがりやさんのような気がします。そして、それはご両親のいずれかの気質を引き継いでいるのではないでしょうか？

そのうち人前で踊るようになるかもしれません。注目される快感を学ぶと踊るようになるかもしれません。でも、できなくてもちっとも構わないのではないでしょうか？　他に優れているところはいくらでもあります。カラオケの大嫌いな僕としては、そっちを伸ばしてあげてほしいなあと思うのです。

相談13　二歳にもなっておむつはおかしい？

義母から「二歳にもなっておむつはおかしい。いずれ外れても、依存心の強い、自立できない子に育つ。だから今の子は自立してない子が多いでしょう！」と叱られました。私は、転居とトイレ・トレーニングの同時は辛いと思い、積極的にはしなかったのですが、それはこちらの都合。義母の言うことも理に叶っている気がします。排泄の自立と性格形成との関連について教えてください。

◆自立のサインを見逃さない

ものごとには順番があります。

トイレ・トレーニングには、排尿間隔が二時間、言葉である程度の意思伝達ができるなどの条件が必要です。

一方、自立するための前提は、依存した体験を十分に持つことです。おむつで言えば、排尿したらおむつを替えてもらう、という経験を積まないと先に進めません。

先に進む目安は、子どものサインを見逃さないことです。よく観察すると、子どもは些細なサインを出しているものです。それをキャッチしてトイレに連れていき、上手くできたという経験を積むこと無しに、トイレの自立はありません。

これは、すべての自立に当てはまります。精神面でも、自分の要求を出してそれが全面的に受け止められるという体験がない限り、自立しても不安定なままです。

自立できない子どもを作るのは簡単です。自立のサインを無視すれば良いのです。自立の時期が来ても、いつまでも周囲が手をかけていれば、簡単に依存心の強い子どもが出来上がります。

逆に、子どもの発達を無視し、時期よりも早いタイミングで自立させると、土台のないところの建物と同じで、不安定な自立になります。ちょっとした衝撃や外圧でも揺らぐことになるのです。

一見、説得力があるように見えても、気にすることはありません。トイレ・トレーニングは、二歳半以前に開始しても早くできるようになるわけではない、というデータもあります。ですから、理にも叶っていません。

子どもと毎日接している自分の感覚をひたすらに信じて、やっていってください。

相談14　二歳、指しゃぶりがやめられない

二歳ですが指しゃぶりがやめられません。一歳半検診の時に「二歳までにやめさせないと永久歯に影響する。こんなになるまで放っておいた親が悪い。絶対治らない。なんでやめさせなかったのか」と言われました。

◆歯並びより大切なのはこころの安定

「指しゃぶりやおしゃぶりは三歳までなら基本的には問題ない。五～六歳まで続くと、乳歯の歯並びの異常が稀に永久歯に影響を及ぼすことがある」というのが多くの専門家の見解です。二歳で無理にやめさせる必要はありません。

人間の行動にはすべて意味があります。すると「指しゃぶりは愛情が足りずに寂しいからだ」と言い出す人もいます。これも間違いです。

赤ちゃんにとっては、お母さんが世界のすべてです。精神的には安心と喜びをもらい、物理

的に護ってもらって食べ物をもらいます。お母さんとの関わりの中で、世界は安全で信頼できるという基本的安心感を獲得していきます。

歩けるようになると、お母さんのそばにいるだけではなくなります。周囲に興味をもち、外の世界に出ていきます。見るもの聞くことすべて新鮮で楽しくもあり、一方で、不安にも駆られます。でも、基本的安心感を頼りに不安を乗り越えていきます。

基本的安心感の象徴として、玩具やタオルや指を使うことがあります。お守りと一緒です。これを児童精神科医のウィニコットは移行対象と呼びました。安心の源が、お母さんの与えてくれる精神的・物理的な安心感から、自分の中の基本的安心感に移っていく、その過程にあるのが移行対象です。世界が広がりつつある子どもにとって、何らかの移行対象は欠かすことはできません。指しゃぶりは、広い世の中にこぎ出していくために不可欠なアイテムなのです。

歯並びも大事ですが、こころの安定はもっと大切です。それを理解していない専門家がいることを悲しく思います。替わりに謝りたいと思います。

あと一年はこころゆくまで指しゃぶりをさせてあげてください。そこでやめられなければ、再度ご相談ください。

相談15　二歳半のわが子が夜中に泣きじゃくる

二歳半のわが子は毎晩十二時頃になると起き上がり、激しく泣きじゃくります。呼びかけても反応はなく、三〇分くらい泣き続けるとコテンと寝てしまいます。翌朝に聞くと覚えていません。一週間以上続いていますが、どうすればよいのでしょうか？

◆寝る前の強い刺激は避けましょう

これは夜驚症と呼ばれる状態でしょう。睡眠驚愕障害という言い方もあります。睡眠の前半三分の一くらいに突然目を覚まし、激しく泣き始めます。落ち着かせようとしても無駄で、数分から数十分で自然に眠りに戻ります。記憶は無いことがほとんどです。歩き回るのがあれば睡眠時遊行症（夢遊症）、怖い夢を見たと語る場合を悪夢症といいます。

二～三歳から認められ、十歳ころにはほとんど消失します。脳の発達に伴う一時的な現象で、多くは繊細で感受性の強い子どもに生じます。デリケートに見えなくても子どもは存外と感じているものです。

昼間に強い刺激を受けたときに起りやすいようです。嫌な刺激だけでなく楽しい経験でも生じます。引越や入園・入学などでも起ります。

人は経験を積むと大抵のことには驚かなくなります。大人はお酒を飲んだり、遊びにいったり、身体を動かしたりして発散する方法を持っています。子どもは見るもの聞くもの初めてのことがほとんどで、多くの情報が脳に流入してきます。それを処理したり、発散したりする能力もあまり成長していないのです。

平日や土日を問わず一定の時間に寝起きする習慣が大切です。夕食後から寝る前には刺激に満ちた活動をしないこと、寝る前にゆっくり入浴し、穏やかな音楽を小さい音量でかけ、やさしい絵本を読み聞かせるのもよい方法です。

身体がぴくぴくと勝手に動いてしまう場合は痙攣も考えなくてはなりませんが、実際は稀です。夜驚症や夢遊症は大人の眠りを妨げ、ちょっぴり端迷惑です。あまりに激しく、生活に支障を来すようならばドクターと相談ですが、基本的には病気として問題にする必要はありません。時間と時期を待ってください。

相談16　三歳前になって単語が少し話せるだけ

二歳十カ月の息子は単語が少し話せるだけです。医療機関に診断を求めるべきでしょうか？　また、親の心構えとして留意すべきことがありますか？

◆今できることを一歩一歩増やしていきましょう

二歳を過ぎると「ママあっち」「ごはんちょうだい」などの二語文が増えます。三歳前で単語が少しだけというのは明らかに遅い状態です。

この場合、①聴力の問題＝難聴、②言葉だけのおくれ＝発達性言語遅滞、③首がすわる、歩くなどの運動能力の発達も遅れる＝全体発達の遅れ、④知能の遅れ＝知的障害、⑤コミュニケーションの発達の遅れ＝自閉スペクトラム症などを考えます。

三歳で単語が少しという場合、②の言葉だけの遅れということは考えにくく、遅れの原因についてのアセスメントが必要です。

聴力に心配がある場合には耳鼻科で確認します。難聴なら治療が可能だからです。小児科で身体面を含め発達全般の確認をしてもらい、治療可能な病気が隠されていないかもチェックしてもらいましょう。

もっと正確な診断名を知りたいということであれば、専門機関の受診をお薦めします。専門機関は予約制で、初診まで数カ月かかることもありますから、事前の情報収集が欠かせません。役所、保健所、児童相談所などに問い合わせるとよいでしょう。

発達の問題であれば、多くの場合、治療方法はありません。もう少し正確に言うと、薬や手術などでは治せないということです。その代わりに、「療育」という、毎日の子育てや集団生活における、その子その子の発達と特徴に合わせた関わりが重要です。

心構えは焦らないことに尽きます。できないことをできるようにするため、無理に頑張らせる親御さんがいますが、頑張っても対処できない課題を与えることは、百害あって一利無しです。年齢ではなく発達段階に合わせ、今できることを一歩一歩増やしていきます。慌てる気持ちは分りますが、子どもにあったちょうど良い関わりをしていってあげてください。

相談17　ぬいぐるみが大好きで片時も離れない

ぬいぐるみが大好きで片時も離れようとしません。寝るときや旅行もいっしょです。大人になってぬいぐるみから離れられなかったらどうしようか心配です。

◆しっかり愛着が形成されることが大切

個人差はありますが、ぬいぐるみには「癒やし効果」があります。大人でもいますよね、車の窓にズラッとぬいぐるみを並べている人。小さい子どもでもいるのかしら？と思って見ているとそうではなく、大人自身がぬいぐるみを大切にしているのです。

子どもでも、大人でも、自分にとっての「癒やしグッズ」を持っているということは、この世で生きていくのにはとても大切なことです。自分の気持ちを穏やかにして、明日への活力をもたらすもの、それは、友達かもしれませんし、趣味かもしれませんし、スポーツかもしれませんし、ぬいぐるみかもしれません。

大人になってもぬいぐるみで「癒やし効果」が得られるのであれば、それは、とっても素敵なことだと思います。

さて、子どもにとって「ぬいぐるみ」は、ある種、母親代わりです。赤ちゃんにとって、一番大切な存在は母親です。歩けるようになると、片時も母親から離れなくなり、ちょっとうんざりです。でも、この時期にしっかり母親との間で愛着が形成されることが、その後の人生を穏やかに過ごしていく上で、とても大切なのです。

母親の次は、ぬいぐるみが「愛着対象」になります。男の子だと、電車や車の類いかもしれません。いずれにせよ、それらは、母親に匹敵する大切な存在になるのです。

逆説的ですが、この時期にしっかりぬいぐるみ遊びをしておくことが、ぬいぐるみを卒業して、もう少し大人に近いような愛着対象を見つけるために必要です。そこが中途半端に過ぎてしまうと、消化不良を起こし、いつまでも未練が残るからです。

そして、最初に述べたように、大人になってもぬいぐるみが大好きなままであれば、それはそれで、必ずしも悪くは無い、と思います。

相談18　二歳の息子が一人でしゃべっている

二歳の息子が誰もいない部屋で一人でしゃべっていたり、誰もいないのに「お友達が来た」などと言って遊んでいます。子どもを信じてあげなければと思うのですが、幽霊がいるのかもしれないし、怖くて気になるし、どう対応していいのかわかりません。

◆自分の世界で遊べることは成長の証

ほとんどの場合、これは独り言の延長線上にある現象で何ら心配はいりません。大人でも、独り言はありますが、たいていは他の人にばれないようにこっそりやっています。でも、子どもの場合は周りの目を気にしませんから、ある程度大ぴらで、大人からみると奇異に映ってしまうのです。

お母さんだってやっていませんか？「今夜のおかずは何にしようかしら？　毎日同じことの繰り返しでうんざりだわ。そうだ！　週末に誰かと遊びに行こうかしら。いや、週末はおばあちゃんが来るんだった。いけない！」なんてことを、声に出して呟けば、まあ、お子さんの状態と似たような感じになります。

誰かと会話しているように見える場合もあります。誰もいないのに奇妙に思えます。こう言う相手を「イマジナリーフレンド」と呼びます。本人の空想の中だけに存在する人物です。空想の中で本人と会話したり、擬似的に遊戯などを行ったりもします。

イマジナリーフレンドはよくある現象で、二歳から七歳の半分くらいに認められるという報告もあります。異常でも病気でもありません。寂しいわけでもありません。

自分の世界で遊べるということは成長した証です。目の前にないことを想像してイメージを作れるようになった証拠です。こういう想像力豊かな子どもは、感受性が豊かですから、自分の世界で遊ぶことによって安らぎを得ている場合もあります。

超自然的存在と交信できるシャーマンと呼ばれる存在、北東北・恐山のイタコや沖縄・奄美群島のユタが有名です。これは極めて稀な特殊能力であり、心配には及びません。

相談19　娘が幼稚園に行くのを泣いていやがる

娘が毎朝、幼稚園に行くのを泣いて嫌がります。入園して数カ月が経つのですが、娘に聞いても「行きたくない」というばかりで理由がわからず、困惑しています。

◆理由を見分けて対策を講じる

母親から離れがたい場合と、幼稚園で嫌なことが続いている場合との二つに大別されます。母親から離れがたい場合は、幼稚園に行ってしまえば、比較的楽しく過ごしています。そうでない場合は、幼稚園でも辛い時間の連続です。実際には、二つが混在している場合が少なくありませんが、便宜上、二つに分けて解説します。

見分けるためには、降園時の様子を見ます。楽しそうに帰ってくれば前者ですし、暗い顔で帰ってくれば後者です。

あまりに登園渋りが続く場合は、集団に入れるのが早すぎたのかもしれません。生まれてから二〜三年経つと、自分の心の中に、母親のイメージが形成され、物理的に離れていても、心の中では母親と繋がっているようになります。少々の苦しいことでも我慢できるようになります。でも、赤ちゃんの頃に何らかの事情で母親との気持ちの絆が作られないと、集団生活に入っても安心して過ごすことができません。これを専門用語では愛着形成不全と呼びます。

幼稚園を辞めてしまうのはなかなか困難です。家に帰ってきてから、母親とたっぷり密着して、気持ちの絆を強くしていくしかありません。親離れができていないからといって、無理に距離をとろうとすると、いつまでたっても親から離れられません。

後者、つまり幼稚園で大変な時間を過ごしている場合、先生との相性が悪く「目の敵」にされているとか、周りから仲間外れにされていていじめられている、といった理由が考えられます。幼稚園のカリキュラムが、お子さんの発達段階に見合っていなくて、訳がわからない時間を過ごしている場合もあります。

まず、幼稚園の先生に心当たりを聞きます。対策を講じても園との相性が改善されない場合は、転園を考えても良いかと思います。

相談20　三歳の娘が毎日友達に意地悪をされている

三歳の娘は毎日お友達に意地悪をされてしまいます。昨日もお気に入りのキャラクターのティッシュを取られて泣いて帰ってきました。このままいじめにつながらないか心配です。このような場合、親は何か行動すべきなのでしょうか。

◆避難訓練のような予行練習を

いじめは加害者が悪いのであって被害者に落ち度はありません。でも、いじめられやすいタイプというものはあります。泣き寝入りをするタイプと大げさな反応をするタイプ、つまり「弱い」タイプと「おもしろい」タイプです。被害者にならないには、強くなるかおもしろくないタイプになればよいのです。

意地悪をされた時には、①逃げる②言い返す③言いつける④やり返す⑤耐え続けるなどの対処が必要です。それができるようになるには、親との間で予行練習が有用です。ご質問の例で言えば、ティッシュを取られないためにはどうしたらよいか、お子さんと練習するのです。

おもしろくないタイプとは、反応が悪いタイプで、いじめ甲斐のないタイプです。ささやかなちょっかいでも大騒ぎして反応するタイプでは、おもしろいので何度も繰り返されます。ちょっかいを出しても無反応に近ければ、おもしろくないので繰り返されなくなります。ご質問の例で言えば、ティッシュを取られそうになったら、素早く静かに逃亡してしまえばよいのです。これも練習が必要です。避難訓練のように練習してみましょう。

もちろん、一般的な対応、つまり、友達を呼びつけて叱る、相手の親に文句を言う、園や学校の先生に言いつける、などをやっても良いと思います。ただ、最近はいろいろな親御さんがいるので、昔なら通用した常識的な対策では上手くいかないことが多いようです。自分の身は自分で守らなければいけない、そのための練習をお子さんとしてみてください。

意地悪をされてきたお子さんを叱りつけることはＮＧです。自信を失わせ、ますますいじめに無防備になるので、絶対にやめてくださいね。

相談21　三歳の息子が裏腹な態度を取ります

三歳の息子は、友達と遊ぶのを心待ちにしているのに、いざ会うと「嫌い」と言ったり手が出たり、気持ちと逆の態度になります。感受性が強く、ちょっとした言葉も気にするので、どうしたら気にしなくなるか、親として試行錯誤です。素直に感情を表現するにはどのようにしたらよいでしょうか。

◆芸術的な表現を促してみましょう

お子さんをよく観察していて素敵なお母さんだなあと思います。似たものを感じるからこそでしょうか。

お母さんが子どもの時はどうしていましたか？　自分で苦労したこと、工夫したこと、周囲からこうするといいよと言われ、でも、ちょっと違うなあと感じたことなどを思い出してください。そして、自分の役に立ったことをお子さんに試してみるのです。間違っても、常識に捕われ、自分がされて嫌だったことはしないように。でも、子どもとお母さんは別の生き物。「試み」が失敗したら、それ以上強制しないことです。

さて、人間が他人と関わるには幾つかの型があります。無邪気・接近型、無頓着・唯我独尊型、警戒・遠巻き型、不安・攻撃型、不安好奇心・言動裏腹型などです。

最後のパターンでは、人が好きなのにうまく関われず失敗ばかり。生まれつき人間関係が上手ではない場合と、生まれてから間違った人間関係を身につけてしまった場合があります。後者の代表は不適切な養育を受けてきた子どもたちです。もちろん、今回は違います。

人間関係の場合、「攻撃は最大の防御」は賢いやり方ではありません。でも、攻撃しても関係は崩れないと実感しないと、先に進めないかもしれません。身近な人との間で、攻撃しても大丈夫、ひいては、無邪気に接近しても大丈夫という体験を積みましょう。

感じやすいのは天賦の資質です。鈍感になってはもったいないのです。鋭敏でも大丈夫、というのを目標にしてください。そして、感じたものを、絵、音楽、ダンスなど芸術的に表現するようにしてください。彼の芸術的なセンスをぜひばして上げてくださいね。

相談22　黒い絵は大丈夫？

塗り絵をさせると、線に関係なく真っ黒に塗りつぶしてしまいます。親が言えば、他の色を塗ることはできます。でも、何色が好きか聞くと黒と答え、黒のクレヨンの消費が圧倒的に早いのです。何か心理的に問題があるのでしょうか。

◆黒が好きな人は感受性が鋭い人

黒は豊潤な色です。黒ほどその風合いによって雰囲気が変わる色もありません。高級感あふれる黒もあれば、反対の場合もあります。学生服の黒は、新品の時は凛々しい感じがしますが、使い込んで色あせてくると崩れた感じになります。黒服は冠婚葬祭の両方に使います。同じ色なのに正反対の場面に用いるのです。

フランス象徴主義を代表する画家ルドンは、「私の黒」という言い方をして、自由奔放な想像力で黒色を用い、独特な世界を形成しています。

世の中にはさまざまな色占いがあります。自分でやってみると存外当っています。色という感覚的な要素による判断だからかもしれません。オーラ・ソーマというカラー・ヒーリングもあります。

赤ちゃんは色覚の発達が未熟で、原色が好きです。ベビー玩具で使われている色は、ほとんどが原色です。幼児期になるとさまざまな色に興味を持ち、大人になると中間色の方に癒しを感じるようになります。自然界には原色はないからです。

絵の具は、混ぜれば混ぜるほど濁っていきます。赤、黄、青の三原色を混ぜると黒になります。黒はすべての色の要素を含んでいます。黒は色という要素以外に、コントラストを作ります。「白黒つけたがる人」というのは、ファジーなことの苦手な人をさします。

黒が好きな人は感受性の鋭い、繊細な人であることがほとんどです。黒が好きといっても、よく観察すると、コントラストを楽しんでいる場合、縁取りを楽しむ場合、塗りつぶすという行為に喜びを見いだす場合、色の微妙な違いを楽しむ場合など、さまざまです。

黒が好きということは人間性の現れです。個性と言ってもいいでしょう。障害や心理的な問題と短絡する必要はないと思います。

相談23　三歳半の娘に振り回される毎日

三歳半の娘です。何でも自分でやりたがり、親の言うことを全然聞かないくせに、突然甘えてきたり、ぐずぐずになったり、こちらが振り回されてしまう毎日です。

◆程よい母親で十分

三歳になると、子どもは自分の意志をはっきりと持ち、言葉や態度でそれを強く示すようになります。でも、何でも自分だけでできる状態にはほど遠く、大人の力も必要とします。「魔の三歳児」というように、親は毎日翻弄され、くたくたになってしまいます。

こういう時、「子どものワガママは受け止めてください」とか「母親がしっかりしなさい」というアドバイスがされます。でも、一人目の子どもだったり、生真面目なお母さんだったりすると、ノイローゼになるくらい悩んでしまい、子どもの相手をしていても上の空、よけい子どもに追いかけられて、悪循環になっていきます。

また、日本では特に、「子育ては家で母親がするもの」という暗黙の圧力がかかり、仕事で子どもを預けている母親は、時間の足りなさと、社会的圧力の間で二重に苦しむことになりかねません。

結論を言うと、何でもきちんとこなせる「理想的な母親」というのは、ベストではありません。小さい頃からしっかり育てられた子どもが、将来、幸せになるとは限らないのです。

母親があまりにきちんとしていると、子どもは無意識のうちに息苦しさを感じ、窮屈な感じを溜め込んでいってしまいます。その気持ちを発散しようにも、子どもから見るとお母さんは完璧なので、「自分もきちんとしなくては」という思いが蓄積され、子どもらしいのびのびとした心持ちが失われていってしまうのです。

ですから、「程よい母親」「程よい距離感」で十分です。何でも完全にこなすのではなく、何でも子どもをコントロールするのではなく、かといって、放ったらかしにするのではなく……。

子育ても腹八分目です。

時には子どもを預け、お母さんも自分の時間を持って、長い子育ての年月を乗り越えていけるといいですね。

相談24　お姉さんの自覚はいつ芽生えますか

現在妊娠中です。一人目が何かを察して急に甘えん坊になった気がします。お姉さんの自覚はいつ芽生えますか？

◆実際の年齢の半分くらいに戻ったと思って

これも健診などでよくきかれる質問です。一人目の多くは、次の子どもが生まれた後に一時的に赤ちゃん返りをします。多くは半年から一年くらいでしょうか。二人目が生まれる前から甘えん坊になる人もいることはいます。しかし、そんなお子さんは、生まれつき感受性の鋭い、デリケートな子どもなのだと思います。

赤ちゃん返りについて、筆者は「実際の年齢の半分くらいに戻ったと思って対応してあげてください。三歳だったら一歳半くらいだと思ってあげてください。そうすれば、親もイライラせずにすみますし、子どもも満足します」とお伝えします。

多くの場合、二人目が歩き出したりして、一人目の良き遊び相手や喧嘩相手になると赤ちゃん返りは消失します。一人目としては、赤ちゃん返りしている場合ではなくなるからです。兄や姉としてのプライドと権威を備えて対応しないことにはいろいろな競走に負けてしまうからです。

大人の対応のコツは、甘えを許してあげることです。甘えは成長につながるのです。時間的にはどうしても赤ちゃんにとられてしまいますから、少ない時間でかまいません。その時は、たっぷり甘えさせてあげます。そして、同時に、年長児としてのプライドをくすぐるのです。

お子さんの場合、繊細な性格に思えますから、いつまで甘えん坊が続くかは予断を許しません。甘えん坊をしていても仕方が無いとさっさと諦め、早く元に戻る可能性もあります。逆に、味をしめて長続きしてしまう可能性もあるでしょう。

いずれにしても、邪慳に扱うと長くなります。ここは一つ、時間のある時にたっぷり甘えさせ、その後に「お姉ちゃんも大変だよね、ご苦労様！　いつもいろいろと助かっているわ」とねぎらいの言葉をかけつつ、そっとプライドをくすぐってみましょう。

上手くいかなければ、お知らせください。再度、考えていきたいと思います。

コラム■発達障害について

ヒトはさまざまな能力を使って生活しています。視覚・聴覚・味覚・触覚・臭覚などの五感と呼ばれる能力。運動する力、話す力、理解する力、注意を向ける力、段取りをたてる力、考える力、人と付き合ったり交渉したりする力など、社会で生きていくためには、実に多くの能力が必要になります。

その大半は生まれつきのものです。しかし、植物と同じく、花や果実のように出来上がった形で生まれてくるのではありません。環境との相互作用で発達していく能力なのです。

発達障害とは、こういった能力のうちいくつかがうまく伸びていかない場合を指します。もちろん、完璧な人間はいませんから、ヒトはそれぞれどこかに苦手な領域を抱えています。苦手な領域はありながらも、周囲や自分に迷惑をかけたり、問題を起こしたりせずに何とか生きています。しかし、発達障害と呼ばれる人たちは、うまく伸びていない能力が原因で、生活の中に何らかの問題を抱えていることになります。

平成 17 年に施行された発達障害者支援法により、自閉スペクトラム症、限局性学習症（学習障害）、注意欠如／多動症などにも法的な光があたるようになりました。しかし、本来の発達障害はさらに広く、生まれつきもしくは発達の過程で、知的な面や運動面に問題のある人たち全てを指します

発達障害の原因は育て方ではありません。生まれつき、脳の機能やネットワークに問題があり、その結果として不都合が表れてくるのです。残念なことに、現在の医学では脳の中の本当の原因までは明らかになっていません。医学で障害を治すことはまだできないのです。

したがって、家庭、地域、幼稚園・保育園・学校など、社会全体で彼ら・彼女たちを支えていく必要があります。子どもたちを取り巻くすべての人々が、その特徴を理解し、それに見合った関わり方を工夫していってもらえるような、そんな社会になるといいですね。

II　幼児後期

小学校前のこの時期では、「自分でできた」という達成感を味わせてあげましょう。もちろん子どもですから、一人でできることは少ないのですが、周囲が手伝ってあげて、何とか自分なりにやり遂げさせることが大切です。「できた！」という達成感は、未知の問題に立ち向かうエネルギー源となり、発達の原動力にもなっていくのです。

相談25　幼稚園のわが子につい声を荒げてしまう母

夫婦共働きです。幼稚園であったことを話したくて私の帰りを待っています。帰宅後は子どもと話したり遊んだりする以外に何もさせてくれません。つい声を荒げてしまうと「何でそんなに怒るの？」と聞かれます。最近は「ごめんなさい」とか「僕のこと好き？」も多くなってきました。

◆寝る前の三十分、子どもにしっかりつきあう

人間はただ泣くこと以外、自分では何もできない状態で生まれてきます。何もできませんから不安で一杯です。泣いて訴えて、母親に満たしてもらう、これによって安心感を得ていくのです。

やむをえない事情で、すぐに働きに出なくてはならないことがあります。子どもはたくましいですから、母親以外との関わりによっても成長していきます。それでも、子どもにとって母

親は世界で一番の存在です。そうでなければ、こんな行動や質問はしません。限られた時間で、どうしたらいいでしょう。

まず、一日のうちで特定の時間、たとえば寝る前の三十分を子どものためだけに使うようにします。その時間はテレビもネットもせず、子どもにしっかりつき合います。くたびれますので、まあ、三十分が限度でしょう。

ちなみに、つき合うことと向き合うことは別です。子どもが一生懸命している遊びを横でじっと見守るだけでもしっかりつき合うことになります。

二番目は説明です。子どもにとって「わからない」ということは最大の不安材料です。「どうせ子どもだから」と説明を怠りますが、子どもはその小さいこころでいろいろなことを理解できるものです。

お母さんが働いている理由、遊ぶ時間が少なくて悪いと思っていること、つい声を荒げてしまって反省していること、そして、子どもは何も悪くないということをしっかりと伝えます。全部は伝わらないかもしれませんが、それでも、お母さんの気持ちは伝わるはずです。

小生のアドバイスはこの二つです。数多くの先輩ママたちがこの難問を乗り切ってきたはずです。そういった知恵を聞く機会もあるといいですね。

相談26　四歳、友達の玩具を盗んだことをごまかした

四歳の息子が友達の玩具を盗み、問いつめると嘘で誤魔化しました。見抜けなかったこともショックです。「人の物を黙って持って帰らない」「嘘をつかない」と約束させましたが、どこまで重大性を理解し、罪の意識があるのか不安です。

◆繰り返すようなら検証が必要

以前、人づきあいの能力は生まれつきの要素が強いとお話ししました。一方、倫理感や罪悪感、物の所有意識や金銭感覚などはそうではありません。それらは本能的欲求と相容れないので、社会的規範として文化や文明の内で規定されなくてはならないのです。一夫多妻制が認められている地域があるのはその一例です。

社会的規範について、子どもは周囲をみて正邪を学習します。しかし、悪いことを目の当たりにしないことには判断材料がありません。本能の命じるままに物を持ってきてしまい、自分

を護るための言い訳をするのです。親の財布から抜き取ることも、万引きをすることもあります。初めはやっていることの重大性が判らないか、単にスリルを味わうためにしているだけです。いまどきは、電車内の携帯電話のように、大人がしているから子どももやってしまうことだってあります。

子どもの場合、初犯は有罪にせず「不起訴処分」でよいのです。それが認められない行為であると伝え、再発防止をすれば十分。予防できなかったことを悔いる必要はありません。繰返すときに初めて、周囲の対応が正しいかどうか、不安や欲求不満への子どもなりの対処ではないか検証するのです。

なお、子どもに盗むことや、嘘をつくことの罪悪感を伝えるのは案外難しいことです。くどくど言っても、感情で叱っても駄目です。厳めしくおっかない顔で、他人の物は持ってこない、事実と違うことは言わない、とシンプルに伝えます。

理由を言う必要はありません。他人の気持ちを慮る能力は五～六歳になって身につきます。四歳では、人が悲しむからといってもピンときません。

繰り返すようならまた考えてみましょう。

相談27　四歳のわが子が言葉の暴力を繰り返す

兄弟喧嘩の中で、言葉の暴力が増えてきました。言い聞かせるのですが繰り返します。四歳なので相手の立場を慮るのは難しそうですが、どうすればいいでしょうか？

◆親がどれだけ命がけで子どもを叱ることができるか

小生は言葉遣いに関しては大変に厳しく育てられました。外で聞きかじってきた乱暴な言葉をうっかり使おうものなら、それは、こっぴどく叱られました。「よそはよそ、うちはうち！」よく考えると理屈になっていないのですが、それでも、迫力満点で、もう、二度と使うまいと思うくらい厳しかったのを覚えています。

小さいうちは子ども同士の気配りはできません。でも、赤ちゃんの頃から親の言動に頼って生きているため、親の反応や対応にはもの凄く敏感です。

子どもが悪いことをした時は、最初が肝心。中途半端な叱り方では効果がありません。本当にいけないことをした時には、しっかりと厳しく叱ることが大事です。もちろん、しっかり厳しく叱ることは、声を荒げることでも、感情的になることでもありません。怒ること、叱ること、注意することは区別してください。

静かに叱っても、迫力を持たせることは可能です。普段から大きい声の人は、低く小さい声で注意すると、かえって迫力が出ます。大声はうるさいだけです。どうしたら説得力のある叱り方ができるか、それぞれで、工夫してみてください。

上手く表現できずにもどかしいのですが、要は、どれだけ、親が命がけで子どもを叱ることができるかでしょう。その気合いや気迫が伝わることで、子どもの言動を修正していくしか無いと思います。

乱暴な言葉は人間を傷つけます。言葉による傷が一番深く、癒えるまでに時間がかかります。言葉には恐ろしい力が潜んでいます。言葉をぞんざいに使って相手を傷つける大人にならないように、どうか、今のうちに全力で叱ってあげてください。そして、叱ったあとは、しっかりと抱きしめてあげて、子どもの人間性を否定したのでは無いことも伝えてあげてください。

相談28　もうすぐ五歳になる娘が質問魔

もうすぐ五歳になる娘は、最近、質問魔です。「詰め替えって何？」「なんで唐揚げは油で揚げるの？」など、疑問珍問の連発です。あまりにいろいろ聞かれると親もうんざりしてしまうのですが、どうしたらよいでしょう？

◆疑問を持ち続けることは大切なこと

この時期は何でも不思議に思って質問をしてくるものです。ついつい適当な答えをしたり、あまりにしつこいと声を荒げたりしてしまいます。それでも、懲りずに質問してくるのは、やはり好奇心のあらわれ、知らないことを知りたいという人間ならではの欲求だと思ってあげましょう。

あまりに矢継ぎ早で答えるのが難しい場合、素直に、「今は忙しいからまたあとでね」と言うことは、必ずしも悪いことではありません。

でも、答えられない質問を誤魔化すために「忙しい」という言い訳を使うのは、どうかなあ、とも思います。本当に答えられない、難しい質問の場合は、親も素直に「それはわからない」と伝えるのが大切です。わからないことをわからないまま疑問に持ち続けることは、とても大切なことだと思うからです。

親としては、でも、わからないと言うのは何となく悔しく、「親の沽券に関わる」と思われる場合もあるかもしれません。そんな時に使えるのが「お父さんに聞きなさい」「幼稚園の先生に聞きなさい」「自分で調べて見なさい」などの台詞です。

誰にも答えられない質問、たとえば「どうして空は青いの?」などには、どうしたらよいでしょう?「ほかの人に聞いてみなさい」という以外に「神様がそう決めたんだよ」「あなたが勉強してそれを解明できるといいね」というのもありでしょう。

ともあれ、説明できる範囲で説明をしてあげ、あとは、さまざまな対応をしてみるのでよいと思います。

こういった素直な質問を浴びせてくるのも、小さなうちだけです。でも、大人になっても、ちょっとしたことに素直な疑問を持てる、柔軟なこころの持ち主になってほしいものだと願うばかりです。

相談29　四歳、妹が叱られるのを笑って見ている

もうすぐ四歳の息子は、二歳下の妹が生まれてから赤ちゃん返りが激しく、いまだに落ち着きません。妹の玩具も兄が横取りして独占です。我慢していた妹も、兄に乱暴をするようになりました。でも、親がそれを見つけて妹を叱ると、兄は「ざまぁみろ」と笑っていることが多いのです。かなり不安で、どうしていいのか考えてしまいます。

◆人が他人の不幸を喜ぶのは自分が不幸な時

兄弟間の葛藤の多くは、二年くらいで諦めがつき、上としての自覚とプライドができて、ジェラシーも減ります。でも、何年たっても葛藤が続くケースもあります。

特に、今回のように、お兄ちゃんが諦め切れないうちに妹さんが力をつけ、「反抗」を開始すると泥沼になって大変です。

他の人が怒られているのを見てざまぁみろと思うのは、どんな時でしょう？　他者への共感

能力は、生まれつきの要素も大きく、性差もあります。しかし、発達の遅れや偏りが強い子どもでも、共感能力が完全に欠落していることはありません。

他人の気持ちを慮るには、自分が満ち足りている必要があります。不幸な時、人は他人の幸せを妬み、他人の不幸を喜びます。人間の悲しい性分です。

叱られているのを見て喜ぶのは、自分もそういう経験を被ってきたからでしょう。叱られ、けなされることのみ多く、自分が満ち足りていないのではないでしょうか。

やはり、こういう場合は褒めて、満たされた気持ちを増やすことです。褒めるのは難しく、何を褒めたらよいのか思いつかないこともあります。でも、良いところは必ずあります。頑張って探してください。どうしても見つからなかったら、怒られることが無かった点を「今日はよかったよ」と褒めてください。

これはとっても時間がかかる、大変な作業です。でも、褒められることによる「自信の貯蓄」は、かけがえの無いこころの財産です。

相談30　四歳、頻繁に首振りや瞬きをする

四歳です。首を左右に、多いときは一日中振っています。少しおさまったら、今度は頻繁にまばたきするようになりました。脳波をとった方がいいと言われたのですが、どうしたらいいでしょうか。

◆楽しい経験を増やして余計なストレスを避けましょう

これは「チック」でしょう。わざとでないのに体の一部が一瞬小刻みに動いてしまいます。頻度は人口の一割と言われ、有名人にも見られます。

早いと三～四歳ころからあります。目の瞬きや顔の筋肉の一瞬の歪みから始まります。首振りや、風邪でもないのに咳払いや鼻をすすることがチック症状になることもあります。音声チックと言って「ア！」「ウ！」などの声が出ることもあります。いくつかのチックが交互に出現する場合や、多く出る時とそうでない時の周期もあります。

チックには生まれつきのなりやすさがあると考えられています。そこに、ストレスが加わるとチックとして現れます。ただ、ストレスは原因ではなく、あくまで引き金です。

いじめのような明らかなストレスから、大人から見ると些細なストレスまで千差万別です。ストレスのない生活は不可能で、特にチックになりやすい人は感受性が鋭く、チックを短期間で完全になくすことは困難です。

わざとやっていると勘違いされ、怒られることがありますが、無意識ですから自分でコントロールすることは困難です。多くの場合は、発達とともに良くなっていきます。

動きが激しくて生活にさわる場合は、脳の興奮を静める薬を使うこともありますが、ほとんどのチックは無害ですから、薬を使うことは少ないです。

もちろん、怒っても、我慢するように言っても、ストレスにもなるので、駄目です。楽しい経験を増やし、毎日の生活を充実させる方が効果的です。

脳波でわかるのはてんかんです。てんかんはチックより激しいけいれんが何回も起こる状態です。いずれも脳神経の過剰な興奮が原因ですが、チックは脳波ではわかりませんから、今の時点では脳波検査は不要です。

相談31　四歳の娘が幼稚園でよく喧嘩をする

四歳の娘は幼稚園でよく喧嘩をします。気にいらないことがあると叫んだり「バカ！」と言ったりします。私にも引っ掻いたりしてきます。明るく活発ですが、もう少しおとなしくなってほしいと思います。育て方が悪いのでしょうか？

◆叫ぶことや叩くことを別な行為に転化させる

自己表現の方法は人それぞれです。そのやり方は、その人にとって生まれつきやりやすい場合と、あとから学んで身につけた場合と二通りあります。

生まれつきやりやすい方法を上手に伸ばしていくと、「才能が開花した」と呼ばれる状態になります。多くの芸術家や専門職はそうやって育っていきました。好きなことを好きなように追求していくのが、一つの幸せな生き方になります。

自己主張が人迷惑になることもあります。子どもは周りをみていろいろな方法を身につけ、試しに使ってみます。試しに使ってみて使い勝手が良ければ、どんどん使うようになります。使い勝手が良いとは、本人にとってやりやすい場合と、周囲が大きく反応する場合です。

子どもの乱暴な言葉が良い例です。外で聞きかじってきて家で試しに使ってみる、使ってみたらお母さんに怒られた、でも、なんか面白いのでまた使ってみて、さらに怒られる。こうやって悪循環が成立していくのです。

大人が過剰に反応しないことが対策の第一です。無視するかサラッと流す、すると子どもは面白くありませんから、次第にしなくなります。

対策の第二は似たような別の行為に転化させることです。叫ぶのが好きな子どもは、広い場所で大声をだす時間を作ってみます。合唱やカラオケも良いでしょう。叩くのが好きな人はボクシングのまねごと、つねる人は草むしりなどをしてみます。叩く資質を伸ばしていったのが亀田兄弟とその父親です。

活発で外向的な性格は対人関係の仕事にはかけがえのない資質です。もちろん、内向的な性格だって大事な性格です。どっちでも構いませんが、それを上手に生かしていけると良いですね。

相談32　四歳の息子がいつもおどおどしている

五歳の姉はしっかりものでお話しも上手ですが、四歳の弟はおどおどしていてよく泣き、友達の輪にも入っていけません。夫に似ているようでイライラしてしまい、つい厳しく怒ってしまうこともあります。

◆痛みのわかるやさしい大人に育つかもしれません

人間のいろいろな性格は、生まれあとの環境によって作られる部分もありますが、大部分は両親から子どもへと遺伝するものです。顔かたちなどの外見的なことも同じです。いずれも、生まれながらの要素がほとんどです。

自分の子どもがご主人に似ていてゾッとすると言うお母さんは少なくありません。出会った頃は「あばたもえくぼ」で目に入らないか、入っても気にならなかったことが、歳月が経ち長く生活を共にすると「気になって仕方がなくなってきた」ということはよくある話でしょう。

「結婚する前は両方の目でじっくり観察し、結婚した後は片方の目は閉じてあまり細かく見ないほうがいい」とは、古来言われる新婚夫婦へのアドバイスです。

子どもに関しても、同じアドバイスが役に立つかもしれません。

話は変わります。おどおどしてよく泣くお子さんは、気が弱いという見方もできますが、実は場の雰囲気をとっても察知するお子さんかもしれません。考えすぎて行動に移せないこともあるでしょう。

一方、しっかりもののお子さんは、実は自分のペースがしっかりしすぎていて、周囲に頓着しない場合もあります。「気が強い強引な人」と評価されることだってあるかもしれません。

どちらがよいかは、判断の難しいところですし、良い悪いの問題ではなさそうです。

気が弱いのは生まれつきです。しかし、自分に自信を持って育つかどうかは、環境に大きく左右されます。自分に自信が備われば、繊細で気が弱いことを生かして、相手の痛みの判るやさしい大人に育つかもしれません。

弟さんがいつか、お母さんのようなしっかり者の奥さんと結婚して幸せな家庭を作ることを祈っています。

相談33　幼稚園の息子が友達と話さない

息子は小さい頃から外遊びを嫌い、家で過ごすのが好きでした。幼稚園も渋々行っていますが、必要最小限の会話しかせず、子ども同士では話しません。年長になって、友達の遊ぶ様子を見たりして、周りに関心は持ち始めているようです。

◆話すこと以外の表現手段を探しましょう

そう、周りに関心は持っているのです。でも、どう話せばいいか、考えすぎにも似て、躊躇しているのです。

家ではしゃべっていても、幼稚園など、特定の場面ではほぼ全く話さないことを「場面緘黙」とか「選択性緘黙」と呼びます。話さないと不便だろうと思うのですが、それでも話しません。話すことで感じてしまう不安や緊張が、不便さを上回るのです。

周囲は何とか話させようしますが、一朝一夕にできあがった状態ではなく、すぐには話すようにはなりません。うながせばうながすほど、貝が蓋をしたように黙りこくってしまうのがオチです。

話すことだけがコミュニケーションではありません。

まず、話さなくても、周りが本人の意図を丁寧に汲みとり、あれかこれかという、選択式で意志をきいてあげます。わずかな首の動きでも、意思表示されれば十分です。そんなやりとりを膨らませていきます。筆談でもかまいません。

二つ目は、話すこと以外の表現手段を探すことです。身体を動かすことでも、絵を書くことでも、歌を歌うことでも、何かしらの手段を使って、本人が表現するようにしていくのです。その際、本人が得意な表現手段を選ぶことが大切です。得意な表現手段とは、その子が、幼稚園に入る前に何が好きだったかを思い出せば、自ずと見つかります。

イン・ドア派だった子どもは、文字や音楽や絵画に親和性がありますし、アウト・ドア派だった子どもは、身体を使った表現に親和性があります。

言葉で表現できることは人生のごく一部に過ぎません。言葉にこだわらず、それ以外のやりとりが豊かになると、不思議なことに言葉も豊かになっていくものです。

相談34　読み聞かせで五歳の息子が「嘘だ！」

「手袋」という絵本の読みきかせがありました。四匹の動物が手袋の中に入った時、五歳の息子は「小さい手袋にそんなに入れる訳ない。嘘だ！」と叫びました。読み手の顔色が変わり、息子は「怒ってる！　どうして？」と聞き返しました。帰り道、「大人なのに本当だと思っているの？」と聞かれました。思いもよらない反応で、子どもには怒っているように見えたのでしょう。こんなときは、どんなフォローがよいのでしょう？

◆どんな気持ちか想像することはとても大事

確かに小さな手袋の中に動物がいっぱい入ることはできないね。よくそれがわかったね。でも、もう少し考えてみないかい。つまり、手袋の中に動物がいっぱい入るためには、どうしたらいいかをね。君はどう思う？　まるっきりありえないと思うかい？　嘘じゃない本当のお話を考えてみようよ。

まず、手袋を大きくしてみようか。とっても大きい手袋があって、それなら動物がいっぱい入るね。でも、僕たちにはその手袋が大きすぎて使えないな。巨人の手袋だね。

動物の大きさを変えることも考えてみよう。今日のお話の動物だと、大きくて手袋には入らなかったけど、もっと小さい生き物だったら入るかもね。どんな生き物なら手袋に入るかな。何か意見はあるかい？　そう、蟻さんとかてんとう虫さんとか、小さい昆虫ならいっぱい入るね。四匹どころかもっともっと入るだろうね。あとはどうかな？　手袋に入りそうな生き物を考えておいてごらん。

話しているおじさんはびっくりしていたね。怒っている、って君は言ったけど、僕にはそう見えなかったな。普段からちょっと怖い顔だから、君が怒っていると感じたのも無理はないけど、あれは考えてもないことをいきなり言われて、びっくりしたんだと思う。

人間はいろいろな表情をするよね。ある表情のときには、どんな気持ちなのかなって想像することは、生きていくのにとっても大事なんだ。今回のようにいろいろな感じ方があるし、答えは一つじゃないってことを覚えておいてほしいな。

相談35　シャツの裾が出てないのに「出ている」

五歳の息子は、シャツの裾がズボンから出ていないのに、出ていると言い張って泣き続けます。言い聞かせても効果はなく困っています。

◆「子どもにとっての事実」を受け入れるところから

こういう場合、「シャツの裾がズボンから出ていないのに、出ていると言い張る」という表面上の訴えの背後には、本当の大きな不安が潜んでいることがほとんどです。

本当の不安は、案外言葉で表現さないので、周囲が推測してあげるしかありません。たとえば「日本に帰りたい」「幼稚園に行きたくない」「お父さんとお母さんが喧嘩しないでほしい」などです。

でも、本当の不安は、解決できないことが多いのです。解決できない不安を探し出しても、よけいに煮詰まってしまうだけです。簡単に解決できることもありますので、本当の不安を探してみる必要はありますが、多くの場合、解決できない本当の不安は、そのままにしておくしかないのです。

現実的な対応の第一歩は、子どもの言い分を否定しないことです。客観的には「裾が出ていなく」ても、子どもの主観では「裾は出ている」のです。「出ていないじゃない」と言い聞かせても、水掛け論で、子どもには何の慰めにもなりません。

ですから、子どもの主観に沿った声かけから対応を始めます。「お母さんは出てないと思うけど、あなたは出てると思うのね。不思議だね」と言ってみます。

でも、そんなことで子どもの不安は解決されません。いや、すぐに解決しようと思わなくてもよいのです。抱っこする、好きな遊びを一緒にする、おいしい食べ物を食べるなど、楽しいこと、心地よいことをしてあげましょう。普段の生活がもっと楽しく、こころおだやかなものになっていけば、潜んでいる不安も、勢いを失っていくものです。

ご質問からは、発達障害のこだわりや、心的外傷後の不安という場合も想定できますが、対応は変わりません。「大人の事実」と違っても、「子どもにとっての事実」を、まずは受け入れてあげるところから始めてください。

相談36　五歳の息子がちょっと痛いと大騒ぎ

五歳の息子は、ちょっと痛いだけで大騒ぎします。母親は「痛くない、大丈夫!」、父親は「痛いけど、大丈夫」と、正反対の対応をします。どっちがよいのでしょう?

◆見守ってくれる存在が痛みを和らげる

痛みに強いかどうかは、個人差が大きく、基本的には生まれつき決まっているようです。一般には女性の方が痛みに強いと思われていますが、そうでない場合もあります。

痛みは何のためにあるのでしょうか?

もし仮に、人間に痛覚が無かったらどうなるでしょう。転んでも痛くない、骨を折っても痛くない、盲腸でも癌でも痛くない……

そう、痛みが無いと人間の身体は大変なことになりますね。痛みは、身体からのSOSのサインなのです。痛いのは困るけど、でも、痛みがないのはもっと困るのです。

さて、ご質問のように、子どもの痛みへの対応は、二つに分かれます。大人への対応は、「痛くない、大丈夫！」でもよいと思いますが、子どもの場合は、それ一辺倒だとちょっと心配です。

「痛くない！」「そんなに痛がるんじゃない！」という対応を続けていると、子どもはいつしか痛みに鈍感になります。正確に言うと、痛いはずなのに痛くないと感じるよう、脳と身体が発達していきます。

痛みに強い、あるいは、我慢強いというレベルでとどまっているのならばよいのですが、もっと進んで、痛みを痛みとして感じなくなってしまうと心配です。本当に痛い時に痛みを感じない人間になってしまいかねません。そして、自分だけでなく、他人の痛みにも鈍感になってしまう危険があります。

人間の身体には、痛みを感じるだけではなく、痛みを緩和する機能もあります。痛みをじっとこらえていると、ふっと痛みが和らぐ瞬間がありますね。

痛みを感じつつも、となりにいて見守ってくれる安心な存在がいると、痛みはより和らぎます。

「痛いけど大丈夫、そのうち痛くなくなるよ、それまで一緒にいてあげるよ」

これがよいと思います。

コラム■そのままでいいんだよ

ちょっと前の外来でこんなことがありました。

そのお母さんは、子どもが言うことをきかないことにとても苛立っていました。もしかして発達障害なのではないかと思って、相談にいらっしゃいました。

お子さんは明るくてはきはきしており、発達障害はあまり感じられませんでした。

そのあとお母さんと話しました。小さい頃からとても大変だったこと、思春期に入ってから言うことをぜんぜんきかなくなり、時には手を上げずにはいられないこと、家庭的にも大変な時期があって、十分な愛情をかけてあげられなかったことを涙ながらにお話しされました。

発達障害は生まれつきです。どこで育ってもそれは変わりません。一方で、適切に養育されていないと、発達障害に似た状態になる場合があります。人間の能力の大部分は生まれつきのものですが、それは周囲からの適切な関わりによって伸びていくからです。

適切でない養育とは、虐待に近い稀な場合です。ご相談のお子さんはかなり過酷な生育歴だったようでした。まだ身についていない人間としての基本的なふるまいを教えるために、「今まで通り、厳しい対応でいいのではないか」とお母さんに言ってしまいました。

あとから知ったことですが、お子さんはお子さんなりに自分の出来なさ加減を痛感し、出来なくても頑張っていることをお母さんに認めてほしいと強く思っていたのでした。頑張っても結果が出せない、だからお母さんに怒られるということを繰り返し、子どももSOSを発しながら相談にいらっしゃったのでした。

子どもの視点に立って、少しでも毎日の生活が楽になるように考えてあげればよかったのですが、正反対のアドバイスをしてしまいました。「あなたはそのままでいいんだよ」と言ってあげていればと、悔いが残りました。

Ⅲ　学童期

小学校以降では、集団生活と学業が大きな課題になります。いずれも、生まれつきの個人差が大きい領域です。くれぐれも大人の「こうあるべき」を押し付けないようにします。その子の生まれ持った資質に合わせた目標設定をしていきます。集団生活に馴染んで友人関係が深まると「家族より友人が大事」となり、親離れの第一歩です。

相談37　義母が子どもを甘やかして困る

義母が子どもにとても甘いのです。近くに住んでいるのでよく会うのですが、欲しいと言えばすぐにおもちゃを買ってあげたり、ご飯前にお菓子をあげたりしてしまいます。やんわりと辞めて欲しいと言っているのですが、いつも聞き流されてしまいます。

◆「困ったことを相談してみる」というスタンスで

「うちにはうちの教育方針がありますので、よけいなことはしないでください！」と、啖呵を切って言えればスッキリしますが、なかなかそうもいかず。

「パパからガツンと言ってください！」と頼んでみても、たいていは流されてしまう。歯がゆいですね。そして、物理的に距離を置くこともままならない。

よくある悩みですが、なかなか打つ手がない状況だとお察しします。

人は誰でも、批難されると守りに入って、よけい意固地になります。反対に、感謝されたり褒められたりすると、他人の意見にも耳を傾ける余裕が出てきます。

なので、正面切って反対意見を言うのではなく、困ったことを相談してみる、というスタンスはありだと思います。

たとえば、こんな言い方はどうでしょうか？

「いつもおもちゃを買ってもらったり、お菓子をあげてもらったりして、本当に感謝しています。親なので、甘やかしてはいけないと思って、ついつい厳しく育ててしまっていて、ちょっと反省したりしています。ありがとうございます。

おかげさまで、最近、どんどんおもちゃを欲しがるようになったり、食事の前にお菓子を欲しがるようになったりして、本来の食事をあまり食べなくなってしまい、ちょっと困っているんです。こういった場合、どうしたら上手くいくか、良い方法を教えていただけると本当に助かるんですけど、アドバイスお願いできますでしょうか？」

所々に入っている丁寧すぎる皮肉のフレーズは無くてもよいのですが、まあ、こんな感じで相談してみてはいかがでしょうか？

相談38　何かにつけて親に言いつける子どもたち

六歳の娘と四歳の息子は、何かにつけて親に言いつけることが多いです。将来、告げ口をする大人になりそうで、どうすればよいか悩んでいます。

◆告げ口にはこころの重荷を軽くする作用がある

二つの視点から考えてみます。

まず、社会人で必要とされるマナーに「報・連・相」（ホウレンソウ）があります。困った時もそうでない時も、報告や連絡、相談をしつつ、仕事を進めるのがよい、という考え方です。情報が圧倒的に多い現代では、チームで仕事が進み、一人で仕事をすることはできません。個人が暴走しないためにも「報・連・相」は欠かせません。

問題は、そのタイミングです。あまりに頻回だと、されるほうはたまりません。「いちいち聞かずに自分で考えなさい！」と言いたくもなります。でも、もっと問題なのは、その反対です。自分一人で勝手に仕事を進めて、それが大きな間違いだった時は、全体に悪い影響を及します。

ですから、はじめはこまめに報告をさせ、徐々に、どんな時に相談が必要で、自分で仕事を進めていい時はどんな時か、適切なタイミングを教えていくのです。

子どもの場合も「報・連・相」と思ってみてはどうでしょうか？　否定せずに聞いてあげているうちに、自然と、タイミングと内容が適切になっていきます。「教えてくれてありがとう。でも、今度からは、お母さんに報告しなくても大丈夫よ」と言ってもよいでしょう。

他方、人は、悪いことを目撃したり、心配になったり、何か秘密めいたことを知ってしまったりした場合、自分一人でそれをこころにしまっておくことは難しいものです。誰かとそれを共有することで、こころの重荷を軽くしたいと思うものです。「告げ口」には、そういった「効用」もあります。

何でもかんでも告げ口される方は溜ったものではありません。でも、子どものこころの「キャパシティ」は大きくありませんから、あまりうんざりせずに、ふんふんと頷きながら聞いてあげることも必要かなあと思います。

相談39　外ではおとなしく家ではうるさいくらい

うちの子はとても慎重な性格で、外ではとても大人しく口数が少ないのですが、家ではうるさいくらいよくしゃべります。これは性格によるものか、あるいは、聞こえでも悪いのか、と心配になります。

◆家族との会話が友達との会話の前提になる

聞こえの問題が著しい場合は場面によらず会話に影響ができます。そこまで悪くなくとも、多少聴力が落ちている場合、聞き返しが多かったり集中力が低下したりしますが、やはり、それも状況に関わらずそうなります。したがって、これは聞こえの問題ではなく性格だと思います。

内弁慶と言われるお子さんは、デリケートで細やかな性格の持ち主です。臆病、慎重、神経質と言ってしまうと少しネガティブな印象にもなりますが、感受性が鋭く、些細なことに細や

かに気がつくタイプです。対人関係で傷つきやすいのが難点ですが、それ以外は悪いことではありません

そういうお子さんは、自分の会話が相手に及ぼす影響をすごく心配し、迂闊なことは言えないと内心どきどきしています。自分の発言に対する相手の反応も十分過ぎるくらいキャッチしてしまいます。粗雑な相手との会話も苦手です。

一方、家族相手なら気心が知れていますし、安心感も育っていますので、外で無口な分まで、山ほど話をするのです。

外でもっと喋るように促すと、子どもの心配は増すばかりでしょう。思い切って話してうまくいかず、失敗したと感じようものなら、ますます話をしなくなります。逆に家で話させないようにしてしまうと、繊細な感受性でキャッチして、喋ろうとしている本人の表現意欲を削いでしまいます。いずれにしてもせっかくのお子さんの性格を損なう結果になります。

うっとうしいかもしれませんが、今はご家族が会話に付き合ってあげてください。家族と十分に会話ができることが、友達との会話の前提になるからです。数年もすると外に親友ができ、十年もすれば思春期になり家では何も言わなくなるかもしれませんよ。

相談40　気になる子に嫌われているのがわからない

息子は人と上手く関われず、友達の輪に入るのが苦手です。気になっている女の子に過剰に関わって、嫌がられているのがわからない場合もあります。

◆人とのかかわり方を丁寧に教えていく

人との距離感がつかめないお子さんは少なくありません。大人でもときどきいます。どちらかというと男性に多いようです。

一般に、男性の脳はシステム的な思考に向いています。機械や数字や地図などが得意です。一方、女性の脳は対人関係に向いています。会話や交渉や共感などが得意です。男性脳の究極の表現形が自閉症で、女性脳の究極の表現形がいわゆるヒステリーだと考える学者もいます。

こうした脳の男女差は、ほとんどが生まれつきで、脳の神経細胞のネットワーク構造自体が男女差を生み出しています。最初にインストールされているソフトが異なるのです。

距離感がつかめないお子さんでまず考えるべきは、生まれつきの要因です。全体的な発達が遅れていれば、対人関係や社会性の発達もゆっくりになります。発達の目安として言葉や学習や運動などをチェックします。一方、全体の発達に遅れがなくても、対人関係が特に苦手なお子さんがいます。

生まれつきの原因がある場合は、友達付き合いの方法を一つずつ丁寧に教えていく必要があります。相手との接し方や、嫌がっているサインの読み方を教えます。こういった能力は多くの場合、自然に身につきますが、ソフトがインストールされていければ、あとから教えていく必要があります。

生まれつきの要因以外に周囲との関わりも大切です。それまでの人間関係で、量的にも質的にも十分な経験を積んできたか、何らかの要因で人間不信に陥ってないかも検討します。いじめなどで臆病になっている場合は、いたずらに友達を促すのではなく、大人でも子どもでも、信頼できる仲間を一人ずつ増やしていきます。

いずれにしても、年齢相当の対人関係が築けないときは、少しゆっくりとしたペースで、関わり方をコーチしていく必要があるのです。

相談41　小学一年のわが子が作文やお絵かきが苦手

小学校一年生です。作文やお絵かきが苦手で、学校ではいつまでも白紙のままです。「自分で描かず友達が落とした絵を拾って貼っていました」と聞いた時は、不憫で泣きたい気持ちでした。

◆得意なことで自信がつけるのがよいでしょう

僕も小学校のころは作文や絵が苦手でした。特に「何でも好きなことをかきなさい」というのが駄目で、数少ないレパートリーであった電車や船の絵ばかりを描いてお茶を濁していました。

お子さんのように「拾う」という工夫はまったく思いつかず、白紙を前に途方に暮れていたことを思い出します。そんな僕が連載をしているのだから不思議なものです。年齢を重ね、書きたい内容が増えてくると作文は苦ではなくなりました。でも絵はよほど資質に欠けているのか、いまだに幼児レベルです。

自由テーマではなく、題があればかけるのであれば、僕のようにレパートリーを貯めておくという作戦がとれます。あらかじめ、家で練習しておくとよいのですが、ちょっと面倒くさいですね。

そもそも、興味のないことに取り組むのは難しく、得意でないことであればなおさらです。大人は「義務感」でこなせますが、子どもはそうもいきません。作文や絵が表彰されたりすればやる気も出るのでしょうが、もともと資質がなければ、そういう偶然も少ないでしょう。

僕の場合、五年生の夏休みに親に手伝ってもらった読書感想文が、学校でとても褒められ、何とも居心地が悪かった記憶があります。でも、それから作文への苦手感は減った気もします。

お子さんの場合、あるいは、別の得意なことで褒められれば、絵や作文は多めに見てもらえるかもしれません。苦手なことを特訓すると、得意なことまでできなくなります。逆に、得意なことを伸ばして自信がつくと、苦手なことにチャレンジする意欲も芽生えてきます。

人間は親や先祖から引き継いだ遺伝子という資質の中で生きていきます。得意でないことは無理をしないで、迂回路をさがすのがよい、と思います。

相談42　小学一年、人見知りが心配

小学一年生の子どもを持つ母親です。人見知りで友達ができるか心配です。どのように手助けすればいいでしょうか？

◆子どもの表情がふっと和らぐ相手を見逃さない

人見知りと言っても、いろいろなタイプのお子さんがいます。

まず、人前で緊張しやすいタイプです。あまり顔見知りでない相手の前だとよけいドキドキしてしまいます。対人緊張の証しとして、手のひらにべっとり汗をかきます。緊張性発汗といって、自律神経の作用で汗をかくのです。

緊張しやすい性格は、すぐには変わりません。大人になって「面の皮が厚く」なれば薄らいではいきますが、それでも、緊張しやすい性格は残ります。無理に友達付き合いを強要したりするのは、ストレスですからやめましょう。

こういうタイプのお子さんは、手のひらだけでなく、顔の表情にも緊張がみなぎります。普段からお子さんの表情をよく観察するようにします。お子さんの表情がふっと和らぐような相手を見逃さないようにして、そのお友達と一緒に過ごす機会を少しずつ作るようにします。

次のタイプは、友達にあまり興味のないタイプです。マイペースで、自分の興味のあることにだけ関心を向けるタイプです。友達が寄ってくると表情が硬くなり、対人緊張に似て見えますが、友達に興味のないタイプの子どもは、手のひらの緊張性発汗はあまりありません。

こういうタイプのお子さんも、無理に友達付き合いを強要する必要はありません。その子の興味の対象、たとえば、ゲーム、乗り物、マンガなど、同じこころざしの相手が見つかれば、趣味友達のような形で友達付き合いが発展していきます。

対人緊張のタイプと、友達に興味のないタイプが一人の子どもの中に混在している場合もあります。

大人からみると、友達ができないととても心配になりますが、友達がストレスになる場合だって少なくありません。親の「こうあって欲しい」という願望はひとまず脇に寄せておいて、子どもが心の底から楽しめるような「親友」の出現を待ってあげましょう。

相談43　小学二年、友達にからかわれて不登校に

小二の息子は、友達からの些細なからかいでショックを受け、学校に行く気力が低下しているようです。学校に楽しく通わせるにはどうすればいいでしょうか？

◆「休みたいときは、無理して行かなくていいんだよ」

不登校の原因は①本人の問題②教師の問題③友達の問題に分けられるそうです。

本人の問題というと、とかく、気合いが足りないとか、頑張りが足りないとかになりかねませんが、そうではありません。学力や社会性など、生まれつきの発達の凸凹を抱えていることがあって、なおかつ、それに見合った対応がなされていない場合が多いのです。本人の問題のように見えて、そうではなく、本人を取り巻く環境が不適切であることがほとんどなのです。

ご質問の場合も「そんなことでショックを受けていたら社会に出てやっていけないよ！」と叱咤激励するのは、なんともマズい対応になります。

教師の問題は、二つに分けられます。一つは、友達同士のトラブルに気がつかない場合、二番目は気がついていても対応しない、あるいは、対応する力に欠けている場合です。「いじめられる方にも問題がある」など、自分の責任を棚に上げてしまうこともあります。冷静に、しかし、断固と抗議して、適切な対応を求めるほかありません。

友達の問題は①②と表裏一体です。からかう方にも理由があります。もちろん、からかったり、いじめたりすることはよくありません。でも、からかいの背景には何らかの理由があり、それを見極めて対応しないと、表面的な叱責だけでは如何ともしがたいと言うことです。発達や家庭の問題が潜んでいる場合がほとんどです。

お子さんはとても繊細な性格の持ち主だと思います。それを、無理矢理我慢させたり、鍛え直そうとしたりても、うまくいきません。むしろ、本人の繊細でやさしい性格をいかしていく方向に育てていってください。「休みたい時は、無理して行かなくてもいいんだよ」と言うのが一番よいと思います。

相談44　小学二年、親の指示に屁理屈で逆らう

小二の息子、毎晩の就寝時間を巡ってバトルになります。「もう寝る時間じゃない？」と言うと、さまざまに屁理屈をこねます。おもちゃを買う、買わないでも同じバトルです。

◆屁理屈に反応せず断定口調で繰り返す

「寝る時間です」と断定口調で言うことです。こちらの遠慮がにじむと、てきめんに指示が通らなくなります。

強い口調と乱暴な口調は別物です。「いい加減に寝ろよ！」と怒鳴っても無意味です。強い口調でないと指示が通らない状態に陥ってしまうと、どんどんエスカレートして、最後は力技になります。小さいうちはそれが通用しますが、いつか体格も体力も逆転します。理性を働かせ、静かに断固とした迫力をもって指示します。大人でも大声で怒鳴っている人より、静かに怒っている人の方がはるかに怖いものです。

「よその子はもっと遅くまで起きているよ」という屁理屈には反応しないのがコツです。「うちはうち、よそはよそ」と言うと「どうして?」と返されます。わが家のそれなりの理由を伝えたところで、それにまた反発し、泥仕合になっていきます。

子どもが何と言おうと、こちらは一つ覚えで「寝る時間です、寝る時間です、寝る時間です」を繰り返します。おもちゃの場合も同様。「おもちゃは買いません」のワンフレーズをただひたすら繰り返します。理由など言う必要はありません。そもそも、子どもが納得するような理由などないからです。

同じ台詞を繰り返し、めでたく子どもが指示に従った時は、必ず褒めます。褒めないと効果が半減します。当たり前のことをしただけでどうして褒めなくてはいけないの?と思うかもしれません。でも、褒めることで、子どもは自分の欲望を我慢したことに対しての大きな報酬をもらうのです。報酬がもらえたことで、我慢する習慣も身についていきます。大人だって、遊びたいのを我慢して、仕事をしているのです。

さて、これを書き終わったら晩酌としましょう。

相談45　小学二年、好き嫌いがなおらない

小学二年生です。好き嫌いがなおりません。白米や麺ばかり食べていて、肉、魚、野菜、甘いお菓子がだめです。レストランでも張り合いがありません。無理をすれば飲み込めますが、おいしくないようです。先々もこのままなのでしょうか。身体が弱い子になるでしょうか。

◆味覚は発達によって変化するので工夫しつつ待つしかない

五感の中で味覚は比較的生まれつきの要素が少なく、環境によって味の好みが作られると考えられてきました。しかし、発達障害の子どもたちと日々接していると、味覚には生まれつきの要素も強いのではないかと思います。うちの娘は、発達障害の要素は少ないと思うのですが、味の好みははっきりしています。好き嫌いは生まれ持った味覚の違いによるところも大きいのだろうと思われます。

苦手な要因としては、野菜の苦み、肉の噛み切れなさ、茄子やキノコの柔らかい繊維質、魚の生臭さ、香辛料の辛みがなどあります。

案外、気づかれていないのですが、味が口の中で混ざることを嫌う子どももいます。ご飯なら ご飯、おかずならおかずというように別々に味わい、丼物のように違った味が口の中でごちゃごちゃするのを嫌がるのです。

しかし、慣れと環境は大きな影響を及ぼします。僕自身、結婚してからは、おふくろの味から妻の味に変化しました。三十過ぎてから関東から関西に転勤し、偏食がかなり減った知り合いもいます。

食欲は感情に大きく左右されますから、食わず嫌いは押しつけることで悪化します。いやいや食べている限り、好みは変化しません。自分から食べてみようかという気になることでレパートリーが広がります。周囲が美味しそうに食べてみせ、その気になるのを待つしかないと思います。食事を自分で作らせるのも一案です。

生まれつきでも発達によって変化します。場合によっては、大人までかかるかもしれませんが、古来、好き嫌いで病気になる人はほとんどいません。御心配なく。

相談46　小学二年の長女がどこにいてもついてくる

小学二年の長女が、どこにいてもついてきます。ママ友達と話しているときも、「もういいでしょ」と口をはさんだりします。家でも私と遊ぼうと気を引くばかりです。下に二人弟がいるので、その子たちと遊んでほしいのですが……

◆情緒的な絆を求める気持ちを認めてあげることが大事

まだお母さんに構ってほしい気持ちがある年齢です。でも、お母さんにしてみれば「あなたにばっかり構っているわけにはいかないのよ」ですね。さて……

親子関係は、乳幼児期の密着から、少しずつ距離が離れていき、十八歳くらいになると親子の分離独立が完了します。親と子の関係から個人と個人の関係になっていくのです。

親子の独立のためには、乳幼児期の密着が不可欠です。でも、なかなか親子べったりとはいきませんね。また、小さい頃に十分な密着がなされていても、子どもにしてみれば、もっともっと、という気持ちになるのも無理からぬことです。

密着には、身体的なものと情緒的なものと、両方あります。さすがに、二年生になると、身体的接触は峠を越しているはずですが、情緒的にはまだ密着を求められます。

さて、子どもと遊んだり、向き合ったりしていることだけが密着ではありません。親に認められ、褒められ、ポジティブな絆を感じることも、心の密着になるのです。

たとえば、お姉ちゃんですから、役割を与えてみます。弟たちの世話でも良いし、ママ友と話をしている時に、絵本を読んで待っていてもらうという役割でも良いのです。家事でできることをお願いしても良いのです。

そして、役割を果たしてくれた時に、感謝と労いの気持ちを伝えます。子どもですから、不十分かもしれません。でもいいのです。お母さんのために何かをやろうとした、その気持ちをちゃんと認めてあげることが大事なのです。

子どもの気持ちと親の労いがフィットした時に、少し大人の方に向いた親子関係が生まれていくのです。

相談47　わが子にキャラ弁を作るのがしんどい

小学生の子どもにキャラ弁を作るのがしんどいです。他の子どもが手の込んだキャラ弁を持ってきており、お弁当を見せ合うことを思うと普通のお弁当を持たせることができません。ですが、手間がかかり朝からとても大変なので、できれば普通のお弁当を作りたいです。

◆「徐々に手を引く」のも一つの方法

キャラ弁が流行っていますね。親にしてみれば手間がかかってすごく大変。喜ぶ顔を取るか手間を省くか、悩ましい選択です。あっさり却下してしまえばよい気もしますが、さぞや落胆するだろうと思うと、無碍に却下もしづらいですね。

こういう場合、よく行われる手法は、徐々に手を引くというやり方です。いきなりゼロにするのも可哀想ですから、たとえば、週に一～二日は普通のお弁当にする方法があります。他の親はともかくも、うちにとってはとっても負担が大きいことを素直に打ち明けましょう。「お弁当では期待にそったことができないけど、他で頑張るから許してね」くらい言ってみてもよいでしょう。

それから、気がつかれないように、少しずつ簡素にしていくやり方もあります。ばっちりメイクのキャラ弁を、毎日ちょっとずつ普通に戻していくのです。ご飯の部分が一番目立ちますので、そこは後回しにして、おかずを徐々に普通にしていきます。一カ月も経てば、普通のお弁当になります。

でも、よくよく考えれば、子どもの顔色をそこまで伺う必要もない気がします。親だってできることとできないことがありますから、負担が過剰なことをいつまでも続ける必要はないと思います。

「ゴメン、ママにはできないから明日から普通のお弁当にします」と宣言してもよいと思います。少しはぶつぶつ言いますが、じきに諦めてくれるでしょう。お母さんのできることで、子どもを喜ばせてあげれば十分です。

お弁当が豪華なのと、お母さんに余裕があるのと、子どもにとってはどっちが嬉しいでしょうね？

相談48　息子が好きな子に無視されて落ち込んでいる

男児の母です。クラスの好きな子に無視されて落ち込んでいるようです。本人は原因がわからないと言います。なんて励ましたらいいのかわかりません。

◆愚痴も出尽くせば未練が減るかも

状況によって、励ますか、慰めるか、アドバイスするか違ってくるでしょう。お互い好きだったのがそうでもなくなってきたのか、ずっと片思いでいい加減に切なくなってきたのか、好き同士であることは変わらないけど何か地雷を踏んだのか……

男の立場から思い切って言うならば、やはり「女心は秋の空」です。微妙に、しかしあっという間に移ろっていき、気がつくとすっかり暗くなっています。その細やかさ、素早さは、どう逆立ちしても男の理解の及ぶところではないなあ、と思います。

でも、男だって繊細で、すぐ傷ついてしまう存在ではありましょう。男女の違いは、態度と気持ちの関連度合いでしょうか。つまり、女性の方が、態度と気持ちは必ずしも同じではないことが多い。時には裏腹になっていることもあるでしょう。

ともあれ、まずは、無視されるに至ったいきさつをもう一回なぞってあげます。何でも無いと思って言った一言が、女性にとっては極めて無神経に響いて、大きな地雷だった、なんてことはよくあることです。素直に頭を下げて謝るしかありません。

まあ、でも、理由や原因はなかなか見当たらないもの。無視している本人だって、理由はうまく説明できないかもしれません。なので、励ます言葉もなかなか見当たりません。愚痴を黙って聞いてあげるのが関の山かもしれませんね。

愚痴も出尽くせば未練が減って、ほかに目が移っていくかもしれません。反対に、未練が断ちきれない場合は、本人が未練を味わっていることもあります。そんな時は放置しておくしかないでしょう。

あとは、ご自身の経験から、女心の機微を説明してあげること、気持ちの切り替え方法を提案してみるくらいでしょうか?

基本は時を待つしか無いように思います。

相談49　息子の字が汚い

息子の字が汚いのです。褒めても、叱っても、迷信でだまそうとしても効果がありません。

◆自分の汚い字に向き合うためにも自尊心が必要

僕も同じでした。小さい頃から近所の習字教室に通っていましたが、字は一向に綺麗になりませんでした。受験の時に「同じ点だったら字が綺麗な人が受かる」とおどかされましたが駄目でした。生まれつき字の綺麗な人を羨ましく感じたこともありました。

余談ですが、立場が反対になった今、試験答案の文字は綺麗に越したことはないのですが、合否を左右するほどではありません。

さて、今も字を書くのは好きではありません。せっかちな性格もあって、ゆっくり丁寧に書くのが苦手です。ですから、ワープロが出てきた頃は本当に嬉しく感じたものです。

大人になると直筆で字を書く機会は増えます。自分で言うのもなんですが、意識をすれば少しは読みやすい字も書けるようになりました。でも、忙しいときやカルテの字などは、お世辞にも綺麗とは言えません。

これも余談ですが、経験上、腕のいい医者ほど字が読めません。悪筆の紹介状で困った経験も少なくありません。何とか解読すると、しかし、素晴らしいことが書いてあったりもします。ともあれ、字を綺麗に書くには、自分の字を客観的に見られるようにならなくてはなりません。綺麗に書こうという意欲も必要です。

それには時間と成長が必要です。自分の文字が上手とは言いがたいことに直面できるこころの余裕も必要です。汚いと言われ続けていると、そして、それが事実であるとこころ密かに思っていると、いつまでも汚い自分の字に向かい合う気にはなりません。欠点に向かい合うには、それと同じくらいの自尊心、すなわち自分に対する自信が必要だからです。

ここは一つじっと我慢。たまに褒めるくらいで、時が来るのを待つしか手はないように思います。

そう言えば、少しだけ高いボールペンを買ってもらったときは、嬉しくて丁寧に字を書こうという気になったこともありましたっけ。

相談50　塾に行きはじめて就寝時間が遅くなった

塾に行きはじめてから就寝時間が遅くなってきました。朝食抜きの友達もいます。寝不足や朝食抜きは体や頭によくないのでしょうか。中学くらいになるとどうなのでしょうか。将来に影響は出ますか。

◆正しい生活習慣が自律神経のリズムを作る

「早起き・早寝・朝ごはん」の大切さは昔から知られてきました。生活習慣の変化、特にコンビニエンスストアやインターネットの普及とともに不規則な生活が増えています。

人は緊張と弛緩のリズムで生活しています。リズムの基本は自律神経の活動で決まります。その自律神経のリズムは「早起き・早寝・朝ごはん」によって作られていくのです。

脳科学からも「早起き・早寝・朝ごはん」の大切さは明らかです。寝不足や朝食抜きは生活の質を下げます。寝不足は気持ちをイライラさせ、成績も下ります。疲れが抜けず、鬱になりやすいことも知られています。時間を惜しんで大事なことを省略すると、かえって駄目なのです。成長期の子どもにとってはなおさらです。

子どもにお酒やタバコが許されていないのは、身体に悪い影響を与えるからだけではありません。お酒やタバコは気持ちを穏やかにし、身体をリラックスさせるメリットもあります。大人はその功罪を承知でお酒やタバコを楽しむのです。時には人迷惑になりますから、完全にはそうではありませんが、基本的には自己責任です。

生活習慣も同じです。大人は自己責任で自分の生活を管理できます。仕事柄、不規則な生活をしなくてはいけない場合もあり、やむを得ないときもあります。

しかし、子どもは判断が未熟ですから自己責任と言うわけにはいきません。子どもの未来のためにも、大人の責任で規則正しい生活習慣を身につけさせることが必要です。

そして、これが大事なのですが、周りの大人もそれを実践したいものです。「子どもは大人の言う通りには育たず、大人と同じように育っていく」からです。

本当は中学では遅いのです。幼稚園時代からの習慣作りが大切です。

「急がば回れ」です。

相談51　小学三年の息子が反抗的であらたまらない

小三の息子が反抗的です。行儀や態度など、正しいことを教えようとしてもあらたまりません。学校では言葉遣いが荒く「注意してあげたほうがいいわよ」と言われました。父親からも厳しく言ってもらいたいのですが、週末だけ会う夫の前では、驚くほど良い子なのでわかってもらえません。

◆正しいことを教えるのではなく自尊心をくすぐる

「造反有理」——毛沢東の言葉とされています。もともとは「謀反にこそ正しい道理がある」という意味ですが、もう少し広げて「反抗するのには理由がある」という意味で使われることが多いようです。

子どもの反抗にも、理由があります。「正しいとされていること」にあえて異議をとなえて自己を確認している場合、この場合は、教えようとすればするほど反抗して子どもの存在意義が確立されていきます。〈言うことを聞かない〉という存在意義です。ですから、ムキになって正しいことを教え込まないほうがうまくいきます。「もう十歳だから、それっぽく成長するとカッコいいね」など、自尊心をこっそりくすぐります。

クラスメートや親兄弟のマネをして反抗していることがあります。悪いことを承知でマネしている場合だってあります。対応はやはり同じです。さらっと「そんなの、あんまりカッコ良くないなあ」と言ってみましょう。

いじめや厳しいしつけへの反動で反抗していることもあります。抑えこまれている分、どこかで衝動が噴出します。根っこの改善を図ることが定石ですが、反抗することでガス抜きをしてバランスを取っている面もあり、対応が難しいところです。「なんだか苦しそうに見えるけど、いつでも相談に乗るよ」と声をかけます。間違っても、根掘り葉掘り聞き出してはいけません。よけいに反抗するだけです。

父親からは、直接の注意ではなく、休日に父親と二人で遊ぶことがよいでしょう。

反抗している子どものこころの奥底には「分かってもらえない」という自己存在をかけた寂しさが潜んでいます。どうかそれを理解してください。

相談52 「ゲームは一日一時間」が守れない

ゲームは一日一時間と決めていますが、何時間もしてしまうので、ゲームを一週間没収しました。それでも一時間ルールは守れません。

◆短時間のペナルティを与え、こなし終えたら褒める

悪いことをした時にはペナルティを与えます。ただし、子どもの場合、ペナルティの与え方を上手にしないと効果がありません。

大事なことは「悪いことをするとペナルティになる」という因果関係を忘れさせないようにすることです。そのためには、長時間のペナルティは効果的ではありません。

子どもは、長いペナルティをくらっているうちに、何でそうなったかを忘れてしまいます。一週間もゲームを禁止にしたあとでは、そもそもの、一時間ルールに違反したことを忘れてしまう可能性が高いのです。

ルール違反をした時は、短時間のペナルティを、即座に与えます。十五分間テレビが見られない、十五分間自分の部屋にいく、寝る時間を十五分早くする、などです。

当然、子どもは反発します。でも、親はそこで挫けずに、静かに断固とした口調で「十五分自分の部屋にいきなさい」と伝え続けます。前にもお話ししたように、あれこれ言うのではなく、同じ文句を一つ覚えで繰り返すのです。ぶつぶつ言われても無視です。ひたすらペナルティの宣告を続けます。

あと二つ大事なことがあります。ペナルティが終わったあとに、決して「だから言ったでしょ、もう二度としないのよ！」とお説教を繰り返さないことです。せっかく、頑張ってペナルティをこなして、そこでまた叱られたら、もう二度とペナルティなんかするもんか、となります。

ペナルティが終わったあとは、「よく我慢したわね、偉かったわよ」と褒めます。褒めることで、ゲームは一時間以上やってはいけない、もし違反したら十五分のペナルティをしなくてはいけない、でも、ペナルティをこなせば、明日からまたゲームができるという、ことの因果をしっかりと学ぶのです。

褒めることを躊躇しては効果半減です。忘れないようにしてください。

相談53　習い事をあれこれやりたいとせがむ

スポーツや楽器などの習い事を、あれこれやりたいと子どもにせがまれます。希望は叶えてあげたいのですが、どれも長続きせず中途半端になりそうで不安です。一つのことを一生懸命してほしいのですが……

◆いろいろ試してこれだと思ったらがんばる

何かを選ぶとき、皆さんはどうしていますか？　たとえば、買い物、食事のメニュー、進路、就職、友達、パートナーなど……

大人は経験と想像力がありますから、事前にある程度はイメージできます。決められないときは、友達に聞いてみたり、ネットで調べたりして、情報を集めてみます。

こういったことは、子どもでは難しそうですね。思いついてやってみたくなり、親にせがんでやってみた。でも、予想と違って実際は難しくて、途中で挫折しそうになる。やめたいなあと思っても「始めたら最後までやりなさい」と言われてしまい、気持ちが折れているのに、いやいや続けなくてはいけない。

このようなことは日常茶飯事でしょう。子どもは、向き不向きは自分ではなかなかわかりませんから、大人が適性を判断してあげなくてはなりません。そして、大人の判断、つまり、大人のやらせたいことは、往々にして子どもの資質とは相反するのです。親のエゴというものです。

それでは、どうしたらよいでしょう？　一度始めたら最後までやり遂げる、という考え方は、ひとまず捨てましょう。いろいろ試してみて、子どもが「これなら続けられそう」と確信したものを、継続していけばよいのです。

何をやっても中途半端というのは、本人のわがままというより、自分に合っているものと出会っていない場合が多いのです。決められた中で頑張るのも一つの考えですが、いろいろ試してみてこれだと思ったら頑張るという考えがあってもよいでしょう。

大人の世界だって、終身雇用だけではなくなり、条件と仕事内容に合わせての転職が増えています。パートナー選びも同様でしょう。子どもは別？

最後は、ちょっと大胆なお話になりました。

相談54　わが子が「家より祖父母の家がいい」

子どもに「家より祖父母の家がいい」と言われショックをうけています。祖父母のことが大好きで、自由に遊べ、怒られないからだそうです。私がよく叱るので、家庭で過ごすのが息苦しくなってしまったのでしょうか。

◆いろいろな大人と接することで子どもはバランスよく育っていく

物事には「バランス」が大切です。子育てとて、例外ではありません。

厳しい人、やさしい人、怒る人、甘やかす人、いろいろな大人と接することで、子どもは育っていきます。

「大人の態度が違っていると子どもは混乱する」と言う人もいます。でも、子どもだってそれなりに考えていて、大人が思っているほど混乱はしないものです。案外と冷静に「大人ってみんな言うことが違うなあ〜」と苦笑したりしています。

反対に、みんなが同じ価値観だけで接すると、大人になって画一的な価値観の持ち主になって、物事の表裏がよく分からない人間になってしまう恐れがあります。

ですから、お母さんが厳しくて、おばあちゃんが甘やかしていても、それはそれで良いのです。もし仮に、両方が厳しいと子どもは逃げ場がなくなり、両方が甘やかしているとわがままに育ってしまいます。どちらかが憎まれ役をすることで、子どもはバランス良く育っていくでしょう。お母さんが叱ってばかりでも、おばあちゃんの家に行って気分転換をすることで、また、毎日が続けられるのです。

ただ、物事には「ほどほど」ということも大切です。

お子さんにそんなセリフを言われてショックを受けたということは、それが図星だったからではありませんか？　でなければ、そんなに落ち込むこともないでしょう？

とすると、お子さんのいうことにも一理ありそうです。せっかくですから、少しは反省して、叱る頻度や程度を減らしてみましょう。そして、おばあちゃんにも、この話しを伝えて、過度に甘やかしすぎないように頼みましょう。それぞれが、ほどほどに叱り、大いに褒めてあげられれば、子どもはもっとのびのびと育っていくでしょう。

相談55　「どうして勉強しないといけないの」

「どうして勉強しないといけないの」と小学生の息子に聞かれ、うまく答えられませんでした。子どもたちが納得する説得方法はありますか。

◆わからない問題にアプローチするための練習

幸か不幸か勉強ばかりしてきたので、この質問をずっと考えてきました。

でもその前に、息子さんが質問をするに至った背景を考えましょう。どうしてこんな質問をしてきたのでしょうか？

たとえば、学校での勉強が難しすぎて、お子さんのレベルにあっていなければ、それは苦痛でしかありません。できないことを無理やり頑張るにも限界があります。量を減らす、レベルを下げる、上手なやり方を教える、塾に行くなどして、「わかると楽しいよ」という実感を得られるようにしましょう。

ゲームや友達遊びなど、もっと楽しいことがあるのに、どうして勉強しなくちゃいけないの？という疑問もあるでしょう。

まず、「大人になると役に立つのよ」という答えがあります。役に立っていますか？「大人になれば必要だってわかるのよ」とも答えられます。わかっていますか？「いい会社に入るために必要なのよ」とも言えます。でも、勉強だけできても社会で役に立つかは別でしょう。

「進路や就職の選択肢が広がるのよ」とも言えます。本当にそうかな？

筆者は少し前までこう考えていました。「勉強は脳を耕すこと。田畑と一緒で、耕しておけば、いつでも種をまくことができる。大人になった時に何が必要かはまだ分からないけど、頭が柔らかいうちに勉強しておくと、いつかは役に立つかもしれない」

でも、学んだ内容が直接役に立っているかは、やはり疑問です。なので、今の考えはこうです。「勉強とは、知識を蓄え、問題を考え、答えを出す訓練。社会に出ると試行錯誤の毎日で、新しい問題を解決していくことの連続。わからない問題にどうアプローチして答えを出していくか、その練習が学校での勉強ではないか」

「無駄なことを繰り返すことは忍耐力の養成になる」という考えもありますね。

相談56　小学三年、どう褒めたらよいかわからない

小学三年生の子どもをどう褒めたらいいかわかりません。何に対しても「上手」「すごい」と褒めるのは良くないと思っており、良くない部分も指摘するのですが、子どもは自信をなくして落ち込んでしまいます。上手な褒め方とは何なのでしょうか。

◆褒められたいんだなと感じたら素直に褒める

どう褒められたら嬉しいか、自分の場合で考えてみましょう。

褒める原則は「具体的に」です。曖昧に褒められても、お世辞を言われているみたいで、効果は少ないです。「いつも素敵ですね」というのは、単なる挨拶以上の効果はありませんね。

そうではなく、物や発言や行動を具体的に褒めます。「素敵なカバンですね」「今の言い方よかったです」「よいことをしましたね」などです。そして、この順に効果が強くなります。つまり、物、言葉、行動の順に褒められて嬉しくなります。

相手が褒められたいと思っている、まさにそこを褒めると、ピンポイントで絶大な効果を発揮します。褒められたいんだなと感じたら、素直に褒めましょう。間違っても、そんなことじゃあ褒めてあげないよ、とは思わないことです。

自分が褒めてほしいなと思っていることを褒めてもらえることほど嬉しいことはありません。珍しく親の手伝いをして褒めてもらいたいオーラが漂っている、子どもなりに「どや顔」をしている、そんな時は躊躇わずに褒めてあげましょう。

褒めると調子に乗っちゃうんです、とおっしゃる方がいます。それでいいんじゃないでしょうか。調子に乗せて、褒められることをどんどんしてもらいましょう。調子に乗りすぎて羽目を外したら、そこで注意すればよいのです。

皮肉を言わないことも大切です。褒めた効果が帳消しです。皮肉はグッと堪えましょう。「いつもそうすればいいのに」「今日は珍しいね」など禁句です。

日本人は褒めるのが下手です。普段から意識して練習しましょう。

相談57　食が細く体力もないのですが

うちの子は、生まれつき小柄な体格で身長体重ともに少なめです。食が細く体力もないので、つい疲れないように大事にしてきました。以前は寝るのが九時半でしたが、塾が始まり十時過ぎになってきました。宿題も多く、運動する時間もありません。食欲も減り、いつも疲れているようで心配です。少しずつ体力をつけるにはどうしたらよいでしょうか。

◆「楽しい無理」を重ねることで体力がついていく

食が細く、体力がないのがご両親のどちらかに似ていれば、それは生まれつきの資質です。これを一朝一夕に変えることは難しいです。食事どきの楽しさが大切であることは以前お話ししましたが、それでも食の細い子はいるものです。

疲労には二種類あります。からだの疲れとこころの疲れです。からだの疲れへの対処として、大事にして早く寝かせるようにしてきたのは正解だったと思います。こういうお子さんに体力をつける王道はありません。運動で体力をつけようと意気込むと筋肉痛になるのが関の山。そうではなく、体力の消耗を防ぐ手だてを今まで通りとってください。

こころの疲れは、気疲れとも言います。気疲れの筆頭は、楽しくないこと、意にそまないことです。楽しくないことでも、素敵な報酬があれば、気疲れは少なくなりますが、子どもは長期的な報酬に目が向きません。いずれにせよ、報酬が乏しく徒労に終わる活動はできるだけ避けてください。

こころの疲れをとる一番の方法は、大好きなことをやることです。からだがくたびれていても、自分にとって楽しいことをやれば元気が出ます。どんなに忙しくても休日のゴルフを欠かせないお父さんと同じです。体力の消耗を減らす工夫だけではなく、その子の一番好きなことをやらせてあげてください。もちろん運動でも、頭の活動でもよいのです。楽しければ疲れも最小限ですみ、食欲も増えるかもしれません。「楽しい無理」を積み重ねていくことで、少しずつ体力がついてくると思います。

相談58　娘が環境の変化に弱く、乱暴な面もある

娘は環境の変化に弱いタイプです。転勤が決まった時は、日に日にノートの字が小さくなり、最後は書けなくなりました。一年でだいぶ慣れましたが、まだ鉛筆や爪を噛んでいます。急に怒鳴ったり、ものを投げるなど乱暴な面もあります。

◆あらゆる言動は環境の変化に適応しようとする工夫と考える

引越や転校は大きなストレスです。まして、海外となるとなおさらです。仕事とはいえ親の都合で子どもにつらい思いをさせて、というお気持ちも当然だと思います。

ここは一つ、逆転の発想をするしかありません。つまり、ストレスがかかったとしてもさまざまな工夫でそれを乗り越えた、という経験を大事にするのです。そして、親は子どもがストレスを乗り越えられるようサポートしていくのです。

まず、子どもにしっかり説明します。言ってもわからないだろうと考えてはいけません。年

齢に合わせ、転校の理由と時期、先の見通しも話します。父親の転勤であれば、その理由も伝えます。「わけもわからない」と言う状態は避けられます。何かあれば親が説明してくれる、という安心感も生まれます。

次に、子どものあらゆる言動を、環境の変化に適応しようとしている「工夫」として考えてあげます。

不安が強くなると、人は行動範囲や活動量を減らして対応します。こころの余裕が無くなるので、普段の活動で「戦線縮小」することで、不安に対するためのこころのエネルギーを確保していくのです。

鉛筆や爪かみは、赤ちゃんがおしゃぶりをして気持ちを落ち着けるのと同じ作用があります。大人のガムやタバコも似たようなものです。

ものを投げたり怒鳴ったりするのも同じです。「上手な工夫」ではありませんが、子どもなりの工夫です。ゴルフやカラオケと似たようなものです。

こうして考えると、お子さんはストレスの時にしっかりSOSを出せるお子さんのようです。黙って耐え、SOSも出せずにポッキリ折れてしまうより、よほど上手だと思います。焦らずに、お子さんの「工夫」を応援してあげてください。

相談59　小学生、自分で髪を抜いて五百円玉ハゲに

小学生の子どもが半年前から自分で髪を抜いて五百円玉ハゲになっています。

◆気持ちのバランスを保つ別な方法を探してみてください

抜毛症の頻度は〇・五〜二パーセントくらいだそうです。自分で抜くのではなく、自然に髪の毛が抜けてしまう状態は脱毛症といいます。脱毛症もストレスでなることはありますが、自己免疫疾患で皮膚科の治療が有効なこともあります。対策が違ってきますので、問いつめないようにしながら、自分で抜いているかどうか確認してください。

男女問わず、ハゲになることにメリットはありません。にもかかわらず、自分で抜くということは、その行為に何らかのメリットがあるからです。多くの場合、抜毛はストレス発散として行われます。我慢ばかりしているとストレスが溜る一方なので、上手な方法ではないけれども、毛を抜いて、気持ちのバランスを保っているのです。

抜毛症の人は「頭に来て」います。何かにすごくハラを立てて頭に血が上がっているのです。何にハラを立てているのか、言葉で表現できると少し血が下がってきます。でも、言葉で言えることばかりとは限りません。言葉で言うと嫌なことを思い出すばかりで、よけいに頭に来ることだってあります。原因が分かってもどうしようもないことだってあります。原因探しはほどほどにしておきます。

対策の第二は、似たような、でも、もう少し上手な代替行動に置き換えることです。自分の髪の毛を抜く行為に似た、じーっと引っ張ってプツンと抜けた瞬間の味わいに似た感触を得られる行為を探します。たとえば、アーチェリーです。草むしりもよいかもしれません。抜けた瞬間の頭皮が爽快感を感じているならば、メントール系のシャンプーを使ったり、アルコール入りの清浄綿で頭をごしごし擦ってみましょう。べとべとしないアルコール飲料、たとえば、焼酎などを薄めて頭からかぶってみてもいいかもしれません。

毛が抜ける瞬間と同じような爽快感を味わえる他の方法を楽しみながら探してみてください。そうこうしているうちに、新しい毛が必ず生えてきます。

相談60　小学生の息子が睡眠中に歯ぎしりをする

小学生の息子は睡眠中によく歯ぎしりをします。温厚な性格で友だちも多いようですが、何かのSOSですか？

◆就寝前に無意識の「力み」がとれるひとときを

健康な人でも八時間の睡眠中に十五分は歯ぎしりをしているといわれています。歯ぎしりは誰にでもみられるようです。

僕の父はひどい歯ぎしりをしていました。長じて僕も同じようになりました。公私ともにがむしゃらだった三十歳前後が一番すごかったようです。結婚したばかりの妻がびっくりしていました。でも、四十歳を過ぎてだいぶ少なくなりました。仕事は忙しくなる一方ですが、適度にリラックスすることをおぼえたからでしょう。

子どもでも歯ぎしりは三割くらいにあり、いくつかの原因が考えられています。

赤ちゃんや幼児は歯ぎしりによって上あごを鍛えているそうです。歯の成長にも歯ぎしりは必要で、乳歯と永久歯の生え変わりの時期に多くみられます。

小学校以降になっても頻繁なら注意が必要です。大人と同じように、ストレスを溜め込んで歯ぎしりをしている可能性があります。

睡眠中は身体の力が抜けてリラックスしています。しかし、起きている間に無意識に入っている「力み」が睡眠中にも抜けずにいると、歯ぎしりにつながりかねません。そういう子どもはたいてい、肩がこっています。大人と違ってこりを意識することはまれですが、さわってみるとわかります。

歯ぎしりも肩こりも、平和主義者で誰とでも仲良くしようとしている子どもに多くみられます。細やかに気を遣い、知らないうちにストレスを溜めています。

こういうストレスはあまり減りませんから、身体に疲労を溜め込まないようにします。寝る前に肩をもんだり、マッサージしたり、音楽を聴いたり、本を読んだり、その子の「力み」が一番とれて、もっともこころが穏やかになれるひとときを過ごさせます。

中には、虫歯や嚙み合せに問題があって歯ぎしりをしている場合もあります。機会があれば子どもに慣れている歯科医を受診してみるのも一案です。

相談61　息子が心にもないことを言って人を傷つける

息子は心にもない台詞を言って人を傷つけたり、笑う場面でないところで笑ったりします。相手の気持ちを考えなさいと注意するのですが、改まりません。

◆時間をかけてセルフモニタリングの習慣を

ボクも子どもの頃そんなでした。悪気はないのですが、ついうっかり場に合わないことを言ってしてしまい、ひどく怒られたものです。治ってきたのは最近ですが、まだ、たまにうっかり人を傷つけたりしてしまいます。

「相手の気持ちを考えなさい」と言われても、冷静になれば考えられても、咄嗟の時に言葉は口をつき、笑みはこぼれてしまいます。

「どうしてそんなことしたの?」と訊かれても、訳など説明できません。説明できれば意図してやっていることですから、もっとたちが悪い。「どうして?」とは訊くだけ無駄です。

まずは、「そういうことを言ってはいけません」「笑ったりしてはいけません」と、シンプルな注意をします。

しかし、繰り返さなくなるには長い歳月を必要とします。それには、周囲の状況をモニターし、自分の言葉や行動をモニターできるようになる必要があります。時間はかかりますが、セルフ・モニタリングの習慣を身につけていくしかありません。

まず、大人が自分の気持ちを冷静にモニターし、それを言葉で伝えていきます。「お母さんは体調が悪いから、少しイライラしているんだ」「お父さんは仕事が忙しくて疲れているんだ」など、大人の内面を子どもに伝達することからはじめてみましょう。

子どもにも、いろいろな気持ちを聞いていきます。いきなり「どんな気持ち？」と聞いても答えられませんから、「嬉しそうね」「眠そうね」などと聞いてあげます。

この時、必ずしもイエス／ノーを求める必要はありません。図星だったら答えたくないかもしれませんね。要は、自分で自分の気持ちを感じる習慣をつければ良いのです。

こうやって、自分の心の状態をモニターできるようになって、はじめて相手の気持ちもわかるようになっていくだろう、と思うのです。

相談62　八歳の娘が「どうして人は死ぬの？」

親戚の中学生が白血病で天逝しました。八歳の娘は心配そうな顔をして「どうして人は死ぬの？」と質問してきます。

◆正しい答えはない

毎回いろいろなご質問をいただいています。それぞれ「正しい答え」はないので、「筆者ならこう考える」というお答えをしていますが、今回のご質問は、いつにもまして答えがありません。思いつく例をいくつか書いてみます。

答え１「白血病というのは血液の癌で、血液の中にわるいものがいっぱいになってしまって、それで身体中わるいものだらけになって、心臓が止まって死んでしまったんだよ」

答え２「人間はだれでもいつか死ぬんだよ。彼女は、不運なことにそれがだいぶ早かったんだよ」

答え3「神様が、早く天国にいらっしゃい、って呼んでくれたんだよ」

子どものこういった質問の背景には、死ぬ理由を聞きたいだけではなく、自分や両親が死んでしまうのではないかという不安が隠されていることもあります。

答え4「彼女はたまたま病気で早くに死んでしまったけど、たいていの病気は病院に行けば治るから、心配しないでいいんだよ。多くの人は、七十年や八十年も生きることができるから、大丈夫だよ」

答え5「パパやママが死んじゃうんじゃないかって心配しているかもしれないけど、二人とも全然元気だし、毎年ちゃんと健康診断を受けているから、心配もしなくて大丈夫だよ」

ここまでは、正面から子どもの質問に答えている例です。以下、不真面目というわけではありませんが、別の角度からの例です。

答え6「さて、何で死んじゃうんだろうね。わかんないな。あなたが大きくなって、いっぱい勉強して、人が死ぬ理由を考えていくといいかもね」

答え7「生きているといろいろ辛いことがあるし、知らなくていいこともいっぱいあるんだ。死んでしまうことは悲しいことだけど、でも、天国で楽しく過ごしているかもしれないよ」

さて、あなたならどう答えますか？

相談63　娘が要領よく行動できない

娘は積極的に人と関わる方でなく、要領よく行動することもできません。転校を二回していますが、慣れるのにいつも時間がかかります。先日の参観で「リコーダーを出してください」と言われ、震える手で準備をしていました。「何で私にはできないんだ」と家で暴れることもあります。

◆年齢相当の理解ができているかどうかを見逃さない

子どもにとって引越しや転校は、大人が想像するより遥かに大きなストレスです。不器用なお子さんであればなおさらです。

簡単な指示でも上手くできないのは、緊張している場合と、その子にとっては簡単でない場合があります。見逃したくないのは後者です。年齢相当に理解していると思われていても、実はそうでない場合があります。

この場合、緊張の有無にかかわらず理解が幼く、学力も学年相当でないことがあります。担任に相談したり、発達の度合いなどを確認したりしてもらうことも一法です。理解が幼い場合、周囲と同じ指示では不十分ですから、一声余分に声を掛けてもらう必要があります。

発達が年齢相当であれば、生まれつきに対人緊張が強い、あるいは、それまでの多くの失敗体験がトラウマとなっている可能性があります。

こういう時は「できなくて当然、焦る必要はない」よりも「周りができていると不安だよね、できないとどうしても焦っちゃうよね」と言う方が、気持に寄りそっているので、よいのです。まず、家で同じことを練習してみます。簡単にできれば、学校での先生の声かけをイメージし、より実際に近い練習をします。

焦って頭が真っ白になった時のリラックス法の一つが「呼吸法」です。息を素早く吸い込み、十秒くらいかけてはき出します。ゆっくりはくことがポイント。気持ちが落ち着き、頭が冷静になります。慌てている現場ではなかなかしにくいのですが、繰り返し練習して身につけると楽になる方法です。

いつも言っているように、苦手なことは後回しで、得意なことを徹底的に伸ばすのが、自分に自信をつける早道です。

健闘を祈ります！

相談64　小学四年、毎日のように腹痛を訴える

小四の息子は、六月頃からよく腹痛を訴えるようになりました。もともとおなかは強くないのですが、最近は、朝から昼にかけて毎日のように痛みを訴えます。そのつど保健室に行かせるのも癖になりそうで心配です。

◆SOSの背後にあるものを読み取る

すべての行動には意味があります。「さぼり」と思えることでも必ず理由があり、その人なりの必然性があります。特に、子どもは言語表現が未熟ですから、身体症状で訴えがちです。腹痛というSOSから何を読み取るか、その背後にどんな要因が隠れているかを探ることが大切です。

まず、身体の病気がないかを確認し、必要なら診察を受けます。一般に、消長を繰り返す症状は、病気だとしても緊急性は高くありません。急ぐ病気では症状はどんどん悪くなります。

次に精神的な理由を探します。精神的というと「気のせい」「わがまま」などと考え、その人の性格のせいにしてしまいがちですが、それは間違いです。人間の行動は周囲との相互作用、つまり、その人の特性とその人を取り巻く環境との関係により決まるのです。

四年生になると勉強がぐっと難しくなります。授業は理解できているでしょうか？　友達関係も複雑になります。教室で孤立していないでしょうか？　先生との関係はどうでしょう。子どもの言い分は聞いてもらっていますか？

子どもの特性はすぐには変わりません。ですから、精神的な要因であったとしても、まず大人の側で、子どもに対する関わりを見直します。勉強が難しければ、レベルを下げてあげましょう。

とはいうものの、周りの対応を変えるのも容易ではありません。先生との相性が悪くても、それを変えるのは至難の業です。

訴えの背後にある理由を探り、周りを変えるための試みをしながらも、まずは、訴えに耳をかしてあげましょう。保健室に行くという対処行動を認めてもよいでしょう。せっかく子どもが出しているＳＯＳを受け止めてあげないと、もっと強いＳＯＳになるかもしれないのです。

相談65　小学四年の娘が家事を手伝いたがるが迷惑

小四の娘。自ら進んでお手伝いをしてくれるのですが、自分とは違うやり方で迷惑と感じてしまいます。洗濯を取り込んだもののきれいにたためていない、玄関を洗っても水浸し、掃除機もすみまでかけきれてないなど、かえって仕事が増えてしまい、手伝ってくれた娘を怒ってしまいます。

◆まずは娘さんの性格に感謝することから

子どもにとって、最大の幸せは、自分のやったことで親に感謝されることです。でも、親の要求水準は高いので、なかなか感謝される域には到達しません。

一生懸命お手伝いをしたのに、雑だったのでお母さんに怒られ、しょんぼり。でも、懲りずにまたお手伝いをして、やっぱり怒られて……

健気で微笑ましい母娘の情景が目に浮かぶようです。

なんだか、娘さんも家事が好きな大人に育っていきそうですね。ですから、まず、お母さんに似た、娘さんの性格を有り難いことだと感謝しましょう。

一方で、主婦には自分なりの家事の進め方がありましょう。神経質なやり方と、そうでないやり方があります。自分の気の済むようにやりたい人にとっては、娘といえども、他人の手伝いは、煩わしさが先に立ちます。

また、家事は際限なくあるので、順番に丁寧に家事を進めないと、やることが終わらずに、家も荒れていきます。

まず、お母さんは自分の進め方で家事を進めたいということを、はっきり宣言しましょう。

「やることがいっぱいあるからね、お母さんのやり方でやらないと、家事って終わらないのよ」

なんて言ってみましょう。

そして、せっかくですから、お母さんの家事のやり方、つまり、丁寧なやり方を教えていきましょう。家事全般にそれをやっているひどく時間がかかりますから、洗濯物のたたみ方、玄関の掃除の仕方、掃除機のかけ方など、順番に教えて行きましょう。

お母さんに似ていなくて、細かい作業が苦手そうだったら、あまり深追いせずに、上手くできそうなものだけ手伝ってもらいましょう。あとは目をつぶるだけです。

相談66　爪を噛むことをやめられない

爪かみがあります。注意しても止められず、こっそり噛んでいます。周りの皮膚まで噛んでしまい、血がにじむことがあります。どうしたらいいでしょうか？

◆周囲からの過剰な要求を減らし、ありのままでいいことを保証する

爪かみは半ば無意識です。注意しても噛んだ後で、予防は困難です。厳しく言うとかえって増えることもあります。

周囲の皮膚に類が及び、噛むだけでなく手で剥いてしまう場合もあります。体の柔らかい子どもでは足の爪を噛むこともあります。

手は必ずしも清潔ではなく、ばい菌の心配もありますが、免疫力が普通にあれば、唾液や胃酸などでばい菌は力を失い、おなかを壊すことはまれです。一方、ささくれた皮膚からばい菌が入り、皮膚が膿むことは珍しくありません。

年が上がり羞恥心がつくと人前で噛むことは少なくなり、目立たずに噛むようになります。でも、爪かみは大人にもあります。

なぜ爪を噛むのでしょうか？　発達障害のお子さんでは爪かみが多く見られます。一方、発達に問題がなくても、神経が細やかで、周囲からの要求水準が高いお子さんに多いようです。

自分のありのままの状態とあるべき状態にギャップがあると、爪かみが多くなりそうです。自分があるべき状態とは、自分で設定している場合もあれば、人から要求される場合もあるでしょう。

発達障害では、自らの意思と達成手段の間に差があり、思いが遂げられず歯がみをしたくなります。周囲が手助けをして、思いをサポートしましょう。退屈で爪を噛む場合もあります。退屈をしない工夫も必要です。

デリケートなお子さんの場合は、自分の状況をコントロールしがたいことに無意識に気がついています。それへの対処行動としての爪かみですから、改善は容易ではありません。ともかく、周囲からの過剰な要求は減らします。ありのままでいいことを保証します。ささやかなことでも、自分の思いが遂げられた経験を多く積むことが大切です。

爪かみではなく子ども全体にアプローチしてください。

相談67　友達が仲間はずれになっていて心苦しい娘

娘の友達が仲間はずれになっています。娘はそれを心苦しく思っていて、部活では話しかけているようですが、クラスではほどほどに接してしているそうです。担任は気づいていません。私から担任に言ったほうがいいか、それとも娘から言わせたほうがいいか迷っています。

◆担任の先生に相談して解決方法をいっしょに考えてもらいましょう

正義感が強いお子さんは、曲がったことを見過ごしていることに我慢がなりません。しかし、いじめに関しては、担任に言ったところですぐに解決するとも思えません。中学生になると悪巧みも精度を増していきます。大人のいるところではおとなしくしていても、蔭では仲間はずれを続けていくのではないでしょうか。

それでもなお、黙って見過ごしている方がより苦しいようであれば、まずお子さんから担任に言ってみてはどうでしょうか。でもそれは「仲間はずれをなんとかしてくださ い」というお願いではなく、「仲間はずれという事態に対してどうしてあげればよいか悩んでいます」という相談の方がいいでしょう。もう中学生ですから、解決してくださいと頼むのではなく、解決するにはどうしたらいいか、一緒に考えてもらうように頼むのです。

お母さんが担任に言うのは、もう少し状況が悪化して、大人が直接介入した方がよさそうになった場合です。それまでは、じっと我慢です。

でも、仲間はずれにあっている友達にとって、最大の支えは仲間の友達です。周囲が冷たい態度を取っていたとしても、一人でもコンタクトをとってくれる友達がいれば、それでかなり持ちこたえることができます。そして、そのうちに本人にも自信がついてきて、仲間はずれをそれほど苦にしなくなります。そして不思議にことに、仲間はずれを苦にしなくなると、仲間はずれもなくなっていくのです。

クラスで話すことが憚られるのであれば、部活でも放課後でもメールでも、何らかの形でコミュニケーションをとってあげること。それが、現実的な方法だろうと思います。

相談68　転校が多くて安定した友達作りができない

転勤族の子どもです。学校が何度も変わり、安定した友達作りができません。

◆いろいろな関係を経験することで人間性は深まる

生き物はみな周囲の環境との調和を計って生きています。人間は社会で生きていく生き物です。周囲の人間集団との調和を計ることが幸せを左右します。

だれでも友達が必要ですし、それを望まない人はいません。孤独を愛する人でも、気の合う仲間が一人でもいるといないとでは、人生の潤いにだいぶ違いがあります。

子どもでも同じです。いや、大人よりも友達の有無は大きな違いを生みます。人間関係のさまざまなルールは、人つき合いの中で身につけていくものです。人と関わる喜びは、子ども時代にこそ純粋に味わえるのであり、大人の複雑で裏表のある人間関係とは異なった、格別の味わいがあるのです。

人つき合いの上手・下手には個人差があります。誰とでもすぐに波長が合わせられる人もいれば、時間のかかる人もいます。直感派と経験派に分けられるでしょうか。

直感派であれば転校は苦痛になりません。「広く浅く」あちこちに友達がいることになります。正確に言えば「広く浅く」の得意な人が多くの友達を作るのです。

経験派は「狭く深く」つき合うタイプです。腹を割った関係になるには時間が必要です。関係が深まる前に転勤になってしまうかもしれません。でも、それはそれ、大人の都合ですからどうにもできませんし、くよくよしても仕方がありません。新しい土地で、新しい友達を一から探していく他ありません。

友達とまではいかなくても、途中まで築き上げた人間関係は決して無駄にはなりません。いろいろな関係を経験していくことで、その子の人間性が深まっていきます。

大人の都合ですから、転勤の仕組みや理由を子どもに説明し、申し訳ないなあと言う気持ちも伝えられるといいと思います。

友達ができなくても、家族が味方についていることがわかれば、子どもはどんな環境でもたくましく成長していくものだからです。

相談69　小学五年の娘がスマホを欲しがる

小五の娘がスマホを欲しがるようになりました。同級生とＬＩＮＥやインスタなどでやりとりしたいようです。でも娘は一人で遠出することはほとんどなく、スマホの必要性はあまりありません。早いうちから持たせるのもどうかと思っています。

◆導入にあたっては現実的なルールを定めること

子どものスマホについては、急激に事態が変わってきています。数年前までは、小学校全体でスマホ所有率は二〜三割でしたが、最近では小学生のスマホ所有率は六割という統計も出てきています。もちろん、低学年での所有は例外的で、小学五〜六年生から所有の検討が始まり、スマホデビューで一番多いのは中学校入学時です。しかし、これも低年齢化の歯止めはかからないでしょう。

さて、大事なことは、何歳で持たせるかということよりも、どう持たせるかということです。

大人のほぼ全員がスマホを持ち、歩きながらでも熱心にやっているところを見ると、これは便利なものであることに間違いありません。筆者とて、その例には漏れません。でも、自分で自分を律することが難しい子ども年代では、スマホに溺れてしまうことが心配ですね。

導入を検討する際には、三つのことを確認したいと思います。

まず、お子さんがのめり込んだら歯止めが利かなくなるタイプかどうかです。自律が苦手な性格なら、もう少し年齢が上がるまでブレーキをかけてもよいでしょう。

そうでない場合は、使い方のルールをしっかり話し合うことです。たとえば、寝室には持っていかないというルールです。ルールを決めるときに大事なことは、子どもも納得して合意することと、現実的なルールを定めることです。ルールを決めても、すぐに破られてしまうのであれば、約束しないほうがマシです。

最後は、親御さんの使い方です。食事の時でもスマホを手放せない大人が周りにいれば、まず、同じような使い方になるでしょう。

相談70　十歳、箸の持ち方を直そうとしない

十歳です。箸の持ち方が下手で毎回注意をしています。しかし、本人が困っていないのか直そうしません。どうしたらその気になるでしょうか。

◆だまされたと思って市販の「しつけ箸」をお試しください

外国、特に欧米に行って現地の料理を食べるとき、箸があれば便利なのにと思ったことはありませんか。食べ物を把持して口に入れるだけでなく、切る、割く、つまむ、潰すなど、箸はとても便利です。魚料理など箸の独壇場です。便利な箸ですが、五千年前くらいから中国で使われ出したという説が有力です。

正しい持ち方を身につけるのは一にも二にもそれが機能的だからです。自己流に使っても、箸のかなりの機能をカバーできます。しかし、正しく使ってこそ、その本当の利便性さが発揮されます。

ちなみに、平成十七年の「児童生徒の食生活等実態調査報告書」によると、箸を正しく持てる小中学生は五六・六パーセントであったといいます。一方、保護者は小学校が七四・九パーセント、中学校は七五・〇パーセント、学級担任は小学校が八七・三パーセント、中学校は八三・九パーセントで正しい箸の持ち方ができたそうです。

まず、周囲の大人が正しい持ち方をしているかどうか、ご確認ください。その上で箸の便利さを子どもに伝えます。でも、子どもにとっては、便利ということよりも、早く美味しいものを食べることの方が先決でしょう。

箸を上手に持つことは美しいことです。でも、これまた子どもに美しさはあまり説得力がありません。

厳しく何回も修正するのが昔ながらのやり方です。僕の場合そうでした。上手に使えるようになって感謝していますが、結構辛いものです。

幸い、現在は正しい箸の持ち方ができるように、箸に印やくぼみがついたいわゆる「しつけ箸」が数多く市販されています。その通りに手を置くことで、自然と正しい箸の持ち方が身につき、上手に食べ物を扱うことができます。その箸でできるようになれば、他の箸でも大丈夫です。

精神論でおしていくより、手間ひまが全然かかりません。だまされたと思って、ぜひ、一度お試しください。

相談71　正しい生活習慣が身についていない十歳

「十歳までに正しい生活習慣や自主的な学習習慣を身につけさせよう」ということを耳にします。十歳までに身につかなかった子どもはどうすればよいでしょう。

◆家族も一緒に変わる必要がある

人間のもっている能力の多くは生まれつきそなわったものです。それぞれの人間に得手・不得手があり、それで世の中が回っています。得意なことは頑張れば伸びますが、苦手なことは頑張っても同じだけは伸びません。

しかし、「習慣」と呼ばれるものは生まれつきではありません。習慣は人間の遺伝子で規定されているのではなく、環境によって身についていくのです。

十歳までに、という脳科学的な根拠はありません。ただ、十歳を過ぎると自我も強くなり「自分のスタイル」が定着し始めます。それから後に、それまでに身についた習慣を変えることは大きな努力を必要とするのです。

身についてきた習慣は、家族のライフ・スタイルとも密接に関連があります。たとえば、読書の習慣などは親の姿を見て身についていきます。ですから、子どもの何かを変えるときは、家族も一緒に変える必要があります。大人が習慣を変えるのはかなり困難ですが、自分ができないことを子どもにさせようとするのは、もっと困難です。親が朝食を食べないのに、子どもだけに食べさせるのでは説得力がありません。

山本五十六に「やってみせ、言って聞かせて、させてみて、褒めてやらねば、人は動かじ」という言葉があります。何かを教えるときは、まずお手本を示し、言葉で説明して、それからさせてみる。上手くいったら褒めてあげる。この繰り返しです。できない部分は再度見本を示します。こうやって、少しずつ毎日を変えていきます。

クセのついてしまった人間を変えるのはとても難しいものです。ですから、できるだけ小さいうちに習慣を身につけさせると良いのです。

その気になれば、何歳になってもチェンジは可能です。親子ともども成長のチャンスと思って頑張ってみてください。

相談72　休み時間に動物小屋で動物を見ている十歳

十歳です。転入して一カ月、昼休み・放課後はいつも動物小屋で動物を見ているようです。このまま様子をみていてもよいのでしょうか？

◆環境に馴染めないでいられる人は孤独に強い人

転校生の居心地の悪さが伝わってきます。慣れない土地、知らない同級生、とけ込めない自分。動物で気を紛らわせているのでしょう。馴染めないわが子を見ていると、心配で仕方がないかもしれません。

新しい環境に積極的に入っていく人には二通りあります。未知の環境が全く苦にならない人と、孤独に耐えられない人です。

前者は「社交的」で、知らない人でも平気です。このタイプはあまり多くなく、後者の方が圧倒的に多いのではないかと思います。

後者は、一人でいると寂しいし、どう思われるかもわからない、とりあえず仲良くなって新しい集団にとけ込んでしまえと、ある意味、身を捨てて飛び込むタイプです。背伸びをしているので、外ではうまくいっているように見えても、帰ってくるとくたびれて、不機嫌だったりします。

馴染めないでいられる人は孤独に強い人です。寂しく思いますが、寂しさを感じても耐えられる人は、本質的には強い人です。

生きていると悩みはつきません。悩みをなくそうとするのも一方ですが、悩みとどう付き合っていくかを考えるのも一つの生き方です。

学校で寂しさに耐え、動物小屋という居場所を見つけたお子さんは、健気で素敵だと思います。帰ってきたら暖かく迎えてください。間違っても「今日も動物ばかり見ていたの」とは聞かないことです。一番気にしていることだからです。

同じクラスのお母さん同士で仲良くなり、二組の母子で遊んだり家を訪問してもいいでしょう。親が仲良しでも、子どもが仲良くなれるとは限りませんが、一人目の友達のきっかけになるかもしれません。

それでも難しいようだったら、もう少し我慢して、ハラハラしながら暖かく見守ってあげて下さい。自分で道を切り開く力は持っていると思いますよ。

相談73　息子が場の雰囲気を読めない

息子は場の雰囲気を読まず、勝ち目のない生徒会選挙に立候補したりします。「他にやることがあるでしょ」と言ってもわからない様子です。思いこみが激しく空気を読めず、将来が心配です。

◆空気を読む実例を示し具体的に教える

空気を読めない人と、読まない人は少し違うようです。後者の多くは、無意識に読んでいても自分を貫きます。人迷惑ぎりぎりなのでハラハラし通しです。でも、右顧左眄せず大物になる可能性もあります。

空気を読む能力は後天的にも身につきます。多くの人は経験から自然と学習していきます。しかし生まれつき苦手な人もいて、おのずとはできるようにはなりません。空気を読むという概念と、具体的な方法をマニュアルのように教える必要があります。

まず空気を読む実例を示します。その構図をわかりやすく解説します。メリットが無ければ身につきにくいので、読むメリットを強調します。悪い状況を防ぐのもメリットになります。注意する時に間接的表現は通じません。その具体的な行為は相手に迷惑で良くない。かわりにこうするとよいと、具体的に伝えます。「どう感じていると思う？」という言い方も、空気が読めないので意味がありません。痛いから叩いてはいけない、などと端的に伝えます。

的外れでも、あまり人迷惑でない行為は、良かれと思ってやっていることがほとんどです。直接的な注意も一方ですが、プライドが傷つくおそれがあります。空気が読めない人は、自分の行為の結末を想像できません。予想して伝えても馬耳東風ですから、失敗もやむをえないかもしれません。

ただ、経験から学ぶ力は弱いので反省会は必須です。その際、傾向と対策の前に、子どものしたことを認めてあげることが大事です。否定されるとムキになり何度も繰り返しかねないからです。認めた上で、よりよい行動を工夫していくのがコツです。

でもドン・キホーテはいます。もう少しの成長するまでハラハラしながら見守るしかないかもしれませんね。

相談74　小学六年の娘が「アイドルになりたい」

小六の娘がアイドルになりたいと言い出しました。成功するのは一握りのうえ、芸能界では苦労が大きいこと、また勉強がおろそかになることもよくないと思います。応援したい気持ちもありますが、やっぱり反対です。どう話をすればよいでしょうか。

◆本気度を忖度して対応を考える

「何か新しい思いつき」が出てきた時は、二つのことを確認します。「いつからそれを考えていたのか?」「どうしたらよいか、具体的な方法は考えているのか?」です。ご質問に即して言えば「いつからアイドルになりたいと思っていたのか?」「どうしたらアイドルになれるのか?」という質問で本気度を忖度し、親の対応を変えます。

夢のような、儚い思いつきであった場合は「あらそう、なれるといいわね」とそっと流します。人生は夢や希望を持って生きていくことが何より大切だからです。小林麻央さんが身をもって示してくださった通りです。夢であるならば、無残に潰してしまうような対応はしたくないものです。

一番多いのは「だいぶ前から考えていたが、どうやってなればよいかがわからない」という答えかもしれません。この場合、正面切っての反対でもよいのですが、もう少し別の攻め方でもよいでしょう。つまり、インターネットや書籍などで、芸能人にはどうやったらなれるのか、また、実際の芸能人の生活はどんななのかを調べて、レポートさせるのです。これまた市川海老蔵さんの最近のブログが、芸能の厳しさを端的に表していると思います。

最後に「前から考えていて、どうしたらよいかも調べてある、実はオーディションがあって、申し込みたいと思っている」という場合です。ここまでくると、正面切っての反対は逆効果です。本人の見通しを詳細に聞いて、計画を検討し、詰めの甘い部分を指摘します。親のできることと、その限界、つまり自分で頑張らないといけない部分も示しましょう。徹底的に現実的な内容で詰めていくのです。

相談75　小学六年、忘れ物が多い

小六です。持っていったものを学校に忘れ、持って帰るべきものを持って帰りません。配布物も見せないので連絡が滞り、ほとほと困っております。

◆原因の分析とそれにあわせた対策を

忘れ物の多い子どもに悪気はなく、本人もひそかに困ったなあと思っていることがほとんどです。原因の分析とそれに合わせた対策が必要です。

やるべきことが多すぎて脳が容量オーバーしている場合があります。お稽古ごと、塾、友達との約束など、大人顔負けのスケジュールで動いているならば、子どもの視点に立ったスケジュール調整が必要です。

大人から見ればのんびり過ごしているようでも、本人にしてみれば頑張って毎日の生活をこなしている場合があります。学習も振るわないでしょう。発達がゆっくりなお子さんもいます。

負担を減らすとともに、周囲の声かけが必要です。六年生にもなれば自分でできるだろうと思って、声かけをしなくなりますが、忘れ物が多いタイプのお子さんでは、周囲の声かけはかかせません。

大事だと思わないことは誰でも端から忘れていきます。おぼえているためには、大事なことだという認識が必要です。また、楽しいことはおぼえやすく、嫌なことはおぼえにくいものです。怒ると嫌なことから逃げようという気持ちが強くなって逆効果です。努力して大人も怒らないようにします。

忙しくもない、成績もまあまあ、でも忘れ物が多い子どももいます。言われればできるけれど、どこかぼーっとしていていろいろなことが抜けてしまうのです。この場合は、本人が自分の行動を振り返る必要があります。忘れ物が多いことを自覚し、メモをとるとか、周りに聞くとか、そういった工夫を自分でできるように促していくのです。

自分の行動を振り返るには、周りの声かけをうるさく思わないこと、忘れ物が多いことを否定的に思わないことが必要です。改善までには数年かかる、それくらいの根気強さで大人がつき合っていくしかありません。

相談76　一人っ子、思いきり喧嘩をしたことがない

うちの子は一人っ子です。兄弟がいないせいか、思い切り喧嘩というものをしたことがなく、お友達と遊ぶ時もどことなく遠慮をしているように見えます。一人っ子はどのように育てればいいのでしょうか。

◆一人っ子だからといって特別なことはない

小生も一人っ子です。やはり兄弟喧嘩というものをしたことがありません。ケンカをしてもすぐに仲直りという経験がなかったせいで、喧嘩をすると相手との関係が途切れてしまいそうで、今でもなかなかうまくいきません。

うちの子も一人っ子です。喧嘩と言うのか分りませんが、友達とは遠慮なく思い切り遊んでいます。一人っ子でも大違いです。

兄弟の有無は大した要因ではないかもしれません。生まれつきの性格や親子関係も影響して

くるのです。

平和主義者とでもいうべきでしょうか、生まれつき、いさかいの苦手な子どもがいます。年がら年中喧嘩しているけれど、すぐに仲直りしてしまう子どももいます。

小さい頃の親子関係によって、すべての人間関係の基本が形成されるという考え方もあります。親子で言い合いをしても、すぐに仲良しに戻れる間柄であれば、兄弟喧嘩と似たような構図を作ることができます。

しかし、親が執着気質で、言い合いなどで気持ちにシコリを残しやすいタイプだと、子どもは大変です。親に怒られたり、反抗をしたりしようものなら、しばらく家の中の雰囲気が険悪になります。そういうことが続くと、ついつい、親の顔色をうかがったり、親を怒らせないような振る舞いをしたりしてしまいます。こうなると、喧嘩ができなくなります。喧嘩をすると、小さい頃に親との間で発生した気まずい雰囲気がフラッシュバックしてしまうからです。

親子で言い合いをしても尾を引かないように、すぐに仲直りをすればよいのです。

一人っ子だからといって特別な子育てはありません。ついつい甘やかしすぎたり、逆に厳しくなったりしすぎないよう、バランスとメリハリを意識していれば十分でしょう。

相談77　友人の子に発達の遅れがある

友人の子どもは発達が遅れていますが、普段の会話ではお互いにそのことに触れないようにしています。言葉をかなり選ぶので疲れます。でも、大切な友人なのでずっと仲良くしたいと思っています。どうしていくとよいでしょうか。

◆静かに見守ることは人が人を支える最も強力な方法

二つの方法があります。一つは「私でよければ相談に乗るよ」と素直に聞いてみる方法です。でも、ご自分のお子さんの発達が遅れていない場合は、気まずくなって関係を悪くする危険性があります。ですから、静かに見守る方が良いと思います。

ある特定の話題に触れないようにしているということは、逆に、その話題を強く意識しているという証拠です。強く意識しているけれども、今はそのことについて考えたくないので、触れるのを避けているのです。

そのことについて考えると不安になってしまう、あるいは、そのことについて考えても虚しいばかり、ということなのだと思います。

人は誰でも必ず死にます。でも、多くの人は死についての話題を避けます。考えてもどうしようもないし、不安になるばかりだからです。

ただ一方で、強く意識しているということは、いつか、そのことが話題になってくる可能性があるということです。親しい間柄であればなおさらです。その時がきたら、彼女の思いを、相槌を打ちながら静かに聞いてあげましょう。

ご質問者が一つ一つの会話で言葉を選んでいればなおさら、いつか告白される可能性は高くなるでしょう。言葉を選んで気を遣っているその雰囲気が相手に伝わっていないはずがないからです。

その気遣いはお友達の不安を強く支えていることにもなります。ことさらに言葉にせず、黙って気を遣っている態度は、人が人を支える最も強力な方法の一つです。

気持ちは必ず伝わっています。苦しいかもしれませんが、今は「云わぬが花」です。普通のようにふるまって何食わぬおしゃべりをしてあげることがよいと思います。

相談78　ストレスが多いと多重人格になりますか

あまりにストレスの多い子どもは「多重人格」になるのでしょうか？

◆身を守るための使い分けと多重人格は異なる

怒られるとへらへらしたり、聴いていないように振る舞ったりして、よけい怒られてしまう子どもがいます。怒られている時間が過ぎると、何事も無かったかのようにケロッとして遊び出し、再び怒りを誘う子どももいます。

感受性の細やかな、繊細な子どもにとって、強い感情にさらされることは、堪え難いストレスです。プロテクター無しに、強いアッパー・カットを受けるようなものです。プロテクター無しに怒りの感情を喰らうと、自分がどうにかなってしまうような恐怖感にとらわれるのです。

衝撃を和らげるプロテクターが、へらへらしたり、聴いていないような態度をとったりするなどの行動です。子どもにしてみれば、身を護る精一杯の工夫です。しかし、大人から見れば言語道断で、人格が分裂しているようにも見えてしまいます。

こういった、身を守るための使い分けは、しかし、多重人格とは言いません。なぜなら、別の人格のように見えても、当の本人は一人しかいないからです。怒られている自分と、へらへらしている自分とは、決して分離しておらず、「早く終わんないかなあ」という点でつながっているのです。

一方で、病気としての「多重人格」では、複数の人格が統合されることがありません。怒られている自分と、笑っている自分とは全く切り離され、「早く終わんないかなあ」という接点すらありません。

強いストレスを浴び続けると多重人格になる場合もあります。しかし、そのストレスとは、徹底的に人間性を否定するような、人生では滅多に遭遇しない負荷です。度重なる性被害などが一例です。そして、人格が分裂する場合は、繊細という以上に、生まれつき精神に脆弱性のある場合がほとんどです。

まあ、滅多なことでは多重人格にはなりません。むしろ、怒っている親の方が、我を忘れて別人格になることの方が多いくらいでしょう。

コラム■子どもと接する時に大切にしていること

かつて、内科医の同級生から「子どもは自分で症状を言えないから大変だろう」と言われたことがあります。言葉で表現できなくても、身体の病気の場合は体から病気のサインが発せられます。体は嘘をつきませんから、虚心に耳を傾ければ良いのです。言葉を駆使して裏腹のことを言う大人と違い、むしろ判りやすいくらいです。

しかし、こころとなるとそうも行かず、難しくなります。体で気持ちを表現することも可能ですが、感情の多くは言葉で表現されます。言葉が未熟な子どもの場合、辛いこころを表現するのも、それを外から把握するのも困難です。

筆者が大切にしている第一のことは、その子の発している雰囲気に敏感であることです。楽しさ、緊張、不安、無関心など、目の前の子どもの雰囲気を見逃さないようにします。

向かい合って話すと緊張するので、横並びの方がいい場合もあります。同じ理由で白衣は着ないようにしています。

聞いても返事がないこともあります。大人はせっかちに先に進めてしまいがちですが、答えを一生懸命考えている場合もあり、子どものペースに合わせることが大切です。

医療の発達とともに治療可能な疾患が増えてきました。しかし、こころや発達の問題は、薬や手術で治せることはわずかです。精神科医の中井久夫は「医師が治せる患者は少ない。しかし、看護のできない患者はない」と述べています。

治療の場では助けを求めている人が主役です。まず人間としての関わりが必要です。人間としての関わりは、動物の本能としての関わりが出発点です。怪我をしている子猫を親猫が舐めているのがその原点です。

一人の人間として、目の前の子どもに何をしてあげられるかが最初にあり、その次に専門家としての出番があるのだと思っています。

Ⅳ　思春期・青年期

それぞれが自分の人生の道を歩き始める時期です。大人から見ればまだまだ覚束ないことも多くありますが、できるだけ自分で責任を負っていくよう、大人は見守りを増やす時期です。これが自立への第一歩です。そして、まだまだ子どもだと思っていても、いつの間にか人の親となり、自分がされたような子育てを繰り返していくのです。

相談79　中学生の息子が一週間浮かない顔のまま

中一男子です。ある日、とっても浮かない顔をして学校から帰宅し、夕食もほとんど食べずに寝てしまいました。「どうしたの？」と聞いてもなにも言いません。翌朝はいつものように登校しましたが、一週間たっても浮かない顔のままです。

◆自力で浮かび上がるのをハラハラしながらじっと待つ

お察しの通り、学校で何かとっても嫌なことがあったのだろうと思います。友達や教師との関係、勉強の躓きなどなど。

この年齢の男子は、ガサツそうに見えて、繊細で傷つきやすい一面を持っています。嫌な体験を周りに相談することも苦手です。うまくいかなかった、傷ついたということを自覚しているがゆえに、それを言うことで、さらに傷つく心配があるからです。大切な親であれば一層、嫌な体験は言いにくいものです。思春期の男子ならではの、母親との微妙な距離感ということもあるでしょう。

男性は、職場で上司に叱責されたことなど、家庭で話さないものです。男の沽券に関わるので話せないのです。男とはそういう生き物だから仕方がありません。

嫌なことが単発の出来事であれば、時が解決します。少しずつ自分の中で気持ちが整理され、多くは、一カ月くらい経てば、浮かび上がってきます。

でも、嫌なことが続いている場合は、大人の介入が必要な場合もあります。

じっと耐えている息子さんに、根掘り葉掘り問いただすことはお薦めしません。家も落ち着かない場所となって、傷の治りを妨げることになりかねないからです。自ら話す場合は別として、嫌な体験を思い返して話させることは、トラウマの再体験のようになる懸念もあります。

もうこれは、ハラハラしながらじっと待つ、担任の先生にそっと聞いてみる、お子さんの大好物を作ってあげる、「困った時は味方になるよ」と呟いてみるくらいが関の山です。

ほとんどの人は、まわりが邪魔をしなければ自力で少しずつ持ち直してきます。自力で持ち直したということが、何よりの自信につながっていくものです。

相談80　中学生の娘が愛犬を失いました

娘が生まれた時から飼っていた愛犬が亡くなりました。娘は中学校に入学したばかりです。すぐ家に帰って来て、時間があれば愛犬の写真の前に座っています。涙を流している時もあります。新しい友だちを作って遊んでほしいとも思うのですが……

◆行きつ戻りしながら「喪の作業」は進んでいく

生まれた時からずっと一緒にいたのであれば、愛しさもひとしお、悲しさもひとしおだろうと思います。そして、長年、共にしてきた愛犬の代わりとなるものは、この世には存在しないのです。

死別や永遠の離別の時には「喪の作業」と呼ばれるものが必要となってきます。物理的な対象はなくなっても、心の中に愛する対象のイメージがしっかりと定着するようになるまで、悲しみが続くつらい時間です。

そうして、その作業は直線的に進むのではなく、行きつ戻りつしながら、少しずつ進んでいくものです。つまり、諦めきれない悲しみの気持ちと、受け入れなければならないという気持ちとが、交錯しながら、時には悲しみが強くなり、時には諦めが増え、だんだんと対象物の不在を受け入れられるようになっていくのです。

次第に、自分なりの納得の思い、たとえば「寿命だったんだから仕方がない」「生きているうちは楽しい時間を過ごさせてもらったなあ」「天国でも楽しく過ごしているだろうなあ」などの気持ちが芽生えてきます。ゴールはあと少しです。

ゴールとは、こころの中に愛する存在が永遠に生きているような状態です。こころの中のイメージですから、決して失われることはありません。ずっと一緒の状態になるのです。その過程では、こころの中にイメージを定着させるために、写真などが必要な場合もあるでしょう。

これに必要な時間は個人差が非常に大きく、本人すらも、どれくらいで諦めがつくのかわかりません。お嬢さんの気持ちの整理がつくまで、周囲はそっと見守っていてあげるしかないのです。

相談81　中学生の息子が怒って壁に穴をあける

中学生の息子は最近怒りっぽいのです。すぐに腹をたてて壁やドアを蹴り、穴をあけます。「パンチングボールかサンドバッグのようなものを買ってほしい」と言うのですが、そういうものを与えていいものでしょうか。

◆いやな気分を解消するための別な方法を探す

まず大きめの枕を用意します。お母さんかお父さんが両手でしっかり枕を持ち、息子さんに思いきり枕を殴ってもらいます。中学生ともなるとかなりの力ですから、しっかりと支えます。的を外すと家庭内暴力になってしまいますから、正確に殴るようにしてもらいます。

気の済むまで殴ってもらったら、お子さんに感想を聞きます。まず、殴った前後で気分が変化したかどうかを聞きます。「殴る前はどんな感じだった？　殴ったらすっきりした？」と聞いてみます。言葉が豊かな子どもの場合は、殴っている最中の感覚も言葉にしてもらいます。

「殴っている時はどんな感じだった?」と聞いてみます。

人間は、嫌な気分があるとき、それをなんらかの行動で解消しようと試みます。その行動によってある程度まで気分が解消したら、その行動は正しい対処方法です。おしゃべり、酒、たばこ、パチンコ、買い物など、すべて嫌な気持ちを解消するための行動です。

ただし、人やものを傷つけてしまうと、それは「副作用」になります。お酒も買い物も程度が過ぎると「副作用」が「主な作用」を上回ります。嫌な気分が解決するという「主な作用」は残しつつ、人迷惑という「副作用」が少なくなるような、解決のための行動を探していくと良いでしょう。そして、どんな行動がよいかは、本人の気分の変化、つまりそれをすると嫌な気分が減るかどうかを指標にするのが早道です。

ともあれ、枕を殴ってすっきりするかどうか実験します。そして、それがお子さんにとってよい解決方法だったら、パンチングボールかサンドバッグの購入を検討してもよいでしょう。でも、ほとんどの場合、枕で十分だと思います。

相談82　十二歳の娘が友達とつきあわず心配

十二歳女子です。学校でもマンションでも友達とつき合わず、一人で満足しているようです。社会性のある大人になれるか心配です。

◆いつか必ず真の友達に出会う日が来ると思います

母親としては一人のことが多いと心配ですね。でも、ご本人はどう思っているのでしょう？
僕は一人っ子で、人づき合いも得意でなく、一人でいる方が絶対に楽です。つき合いなどで飲み会にいくと、昼間の仕事よりもくたびれてしまう有様です。さびしいと思う瞬間もありますが、もう慣れているので苦痛ではありません。

チャンスに恵まれない場合もあります。つき合いたい気持ちがあっても、話題が合わないとつき合いになりません。頭が良すぎてもその反対でも、うまくいきません。どちらかというと狭く深くつき合うタイプですから、得意でない人と大差ありません。

人つき合いが得意でない人が無理にそれをすると、とてもくたびれてしまいます。一人でも二人でも、気の合う友達が見つかるまで、孤独の楽しさを満喫させてあげましょう。いつか必ず真の友達に出会う日が来ると思います。

社会性があるかどうかは、いざという時の言動で判断できます。普段は一人でも、社交性が必要な時に、その場に合った振る舞いができれば、大丈夫です。

大人になったら何になりたいのかも大切です。人づき合いが苦手な人が、対人接触の多い仕事につくと、かなり大変です。人一倍、細やかに気を遣うので、相手には喜ばれるかもしれませんが、本人は上手に息を抜かないと心身に負担ばかりかかってしまいます。僕も年々肩こりがひどくなっています。

でも、まわりを見渡すと、人つき合いが得意でない人ばかり医療や福祉の道に進んでいる印象もあります。苦手だからこそ、チャレンジするのかもしれません。

自分の性分に合った仕事を選べば無理がかかりませんが、一回の人生ですから性分に合わなくても、好きなことに挑戦するのもまた良いでしょう。

お子さんの場合は、どんな職業に進みたいのでしょうか？

相談83　娘がファッション雑誌ばかり読んでいる

中学女子です。最近、服装、アクセサリーやお化粧の雑誌ばかり読んでいます。読むことはいけないとは、思っていませんが、勉強に目をむけさせるには、どのような言葉かけをすればよいでしょうか？

◆興味や関心は勉強の入り口にもなる

父は建築家でした。夕食後はいつも原稿や図面を書いていました。狭い家だったので、食卓を使って、お酒を飲みながら仕事や勉強をしていました。

気がつくと僕も三十年前の父と同じことをしています。昔は親に言われいやいや勉強をしていました。今は必要にかられ、そして、少し楽しみを感じながら、こうして原稿を書いたり勉強したりしています。

いやいやながらしていた勉強は、脳という畑を耕していたのだ——今はそう思います。勉強したことの多くは今の仕事とは関係のないことです。しかし、畑の土を掘り起こし、空気を入れ、混ぜ合わせることで、植物を育てる準備ができるのです。耕せば耕すほど、種が育つ可能性は増えていくのです。

高校生くらいから、将来の仕事を見据え、そのための勉強をすることになりました。医学部に入ると、医学以外はあまり勉強しません。医学自体、六年で学ぶには膨大な知識体系です。小児科医にとっては外科の知識は記憶の奥底で埃をかぶっている程度です。

一方、大人になると、仕事に関係ないことでも、知識を身につけることは楽しくなります。カルチャーセンターや社会人学生がよい証拠です。

わからないことの勉強は苦痛ですが、理解できることを学ぶのは喜びです。英単語の暗記は単純作業で楽しくありませんが、単語を身につけて会話ができるようになり、文章を読めるようになると、景色が一変します。苦しい山登りが終わり、頂上の眺めを楽しむことができるのです。

興味や関心が勉強の入り口にもなります。興味や関心から終生の趣味や仕事の糸口が見つかったりします。

まずはアクセサリーや化粧の雑誌を二人で楽しみましょう。子どもに教わるのもまた勉強です。

相談84　中学生の娘が「お化粧をしたい」

中学生の娘がお化粧をしたいと言い、お小遣いで化粧品を買ってきました。髪を染めたりしている友人もいるようですし、可愛くなりたいという気持ちもわかります。ですが、まだ早いと思うのです。もう少し大人になってからお化粧をするよう、何とか説得できないでしょうか。

◆自分の中に湧いてくる感情を素直に娘さんに伝えてみては

筆者もお母さんの気持は何となくわかります。自分の娘だったら、同じように思ってしまいそうです。でも、その気持ちをもう少し分析してみましょう。つまり、「まだ早いと思うのです」という、お母さん自身の気持の分析をしてみましょう。

たとえば、お母さんも中学生のころお化粧をしてみたかったけど、親にきつく怒られてできなかった、その記憶がうっすら残っていて、自分の娘にも同じような対応をしているのかもしれません。

お化粧なんかしなくても十分に可愛いのだから、無理に背伸びをしなくてもよいのではないか、という気持ちもあるかもしれません。お化粧なんかすると、素顔の可愛さが台無しになってしまうよ、という気持もあるでしょう。

中学生はお化粧なんかするものではないという「大人の常識」に捉われているのかもしれません。

娘が大人への第一歩を踏み出し、自分から離れていってしまう寂しさみたいなものもあるかもしれません。

ともあれ、娘さんのお化粧という状況に際して、自分の中に沸き起こってくるいろいろな気持ちをじっくり味わい、それを素直に伝えてみるのは一つのやり方です。

あるいは、もう化粧品を買ってきてしまっているのですから、母子で一緒にお化粧をしてみるのもよいでしょう。案外と可愛くなってしまうかもしれませんし、やっぱり素顔の方が可愛いということに落ち着くかもしれません。

どうしても抵抗感が拭えないけれども、子どもにせがまれて仕方がないという場合は、土日限定とか、イベントのある時だけ限定とかにして、お互いに妥協点を見つけていくしかないかもしれませんね。

相談85　中学生の息子が指示なしには何もしない

中学男子です。つい「あれは終わった？」「これをしなさい」と口を出してしまいます。気がつけば、指示がなければ何もしなくなりました。自分で気づかせるには、どうしたらよいでしょうか？

◆口を出したくても我慢、子離れをしましょう

難問です。指示なしでは動かないお子さんと、指示をせずにはいられないお母さんの組合せは、二人の間だけを見れば、誰も困っていないからです。少なくとも、今は……

人間は生物学的にも社会学的にも早産です。十カ月もおなかにいるのに、生まれたばかりの赤ちゃんは独力では何もできません。動物のように、自力で立ち上がっておっぱいに辿り着くことはできません。

何もできませんから、最初は教えながら育てていかなくてはなりません。しかし、親もいつ

までもそばにいられませんから、自立までの二十年のうちに、独力で生きていけるようにする必要があります。そして、それは赤ちゃんのころから、少しずつしていかなくてはならない。

親離れ子離れは徐々にすすめるものです。それを反抗期真っ盛りの中学生相手に行うことは至難の技です。でも、しなくてはなりません。お母さんのような面倒見の良いお嫁さんがみつかる保証はないのですから。

「よかれと思って口を出してきたけど、あなたのためにならないから、もう口は出さない。困ったら相談には乗るけど、まずは、できるだけ自分で考えてやるようにしなさい」と宣言するのです。

もはや子どもの失敗は親の失敗ではありません。できなきゃできないで、何とかなります。いや、何とかさせるのです。社会的にいけないこと以外は自分で責任をとらせます。

ただ、明日からいきなりでは混乱するかもしれません。誕生日、お正月、学年の変わり目など、キリがいいところで切り替えてください。

口を出したくても我慢。精神的に子離れをしましょう。お母さんも子ども以外に打ち込めるものを探してください。

寂しいことですが「親はなくとも子は育つ」のです。

相談86　中学二年の娘が親に暴言を吐く

中学二年の娘が反抗期真っ最中です。親に対する暴言がひどく、つらく当たられます。学校や部活動のこと、外出するときに誰とどこへ行くのかなど、ごく普通に話しかけるのですがすぐに言い争いになります。もう子育てもやめて、放置しておけばいいのでしょうか。

◆本当に心を許した相手でなければ反抗できない

何を言ってもことごとく反抗され、とても辛い毎日ですね。でも、思春期の反抗には、ちゃんとした必然性があるのです。

まず、覚えておいてほしい大原則は、反抗という現象は、本当に心を許した相手でないとできない、ということです。反抗すると関係の絆が切れてしまったり、不幸な結果が待ち構えていたりする場合、人は決して反抗をしません。一党独裁の国家を想像してください。反抗したら命に関わりますね。

お嬢さんの反抗は、決して絆が切れないという、絶対的な信頼感の上に成り立っているのです。ですから、決して絆は切ってはいけないのです。

次に、思春期の反抗というのは、親からの自立という大きな役割を持っている、これも覚えておいてほしいのです。親とは違った一個の人格として成長するために、一番身近で、一番影響力のあった親を否定するのです。そうやって、一人前の大人として成長していくのです。

もう少し時間が経過して、自分というものが確立されると、反抗は止まります。そして不思議なことに、親と同じような価値観や行動を出していくのです。あれだけ反抗していたのに、結局は母親と同じような物言いをするようになって、こちらは拍子抜けになるのです。

今やけを起こして親子の関係を断ち切ったり、懲りずに過干渉を続けたりすることだけは、避けてください。でも、毎日の生活の保障はしてあげてください。

辛い時期ですが、くじけず、ほどほどの距離を保っていれば、嵐が静まって、元の穏やかな毎日がやってきます。もう少しの辛抱です。

相談87　来年高校受験なのに勉強に集中できない

来年高校受験です。勉強する気はあるのですが、なかなか集中できません。

◆自分の資質に合った勉強の仕方を考えましょう

気持ちは前向きでも、集中できないことってありますね。意欲と集中力は、脳機能の上では別のものなのです。

まず、意欲を引き出すには、生まれ持った資質（＝能力）に合った環境設定が必要です。勉強においては〈理解できる〉ことが意欲を引き出す早道です。自分の学力に合わない、難し過ぎる課題設定は、意欲を低下させるだけです。

勉強は〈理解できる〉ことだけではなく、知らないことを学ぶ場でもあります。今のレベルの少しだけ上、つまり、〈少し頑張ればできる〉という設定がベターです。

得意科目から勉強するのも有効です。大人は苦手科目の点数から上げたいと思いますが、それでは意欲が上がりません。困難に打ち克てる強い精神力を備えた人以外は、得意なことから手をつけていくのがコツです。受験は総合点で勝負ですから、限られている勉強時間の中で一点でも上げるため、得意科目を固めることが大切です。

それでもなお、集中力の問題が残ります。集中力も生まれつきタイプが決まっていますので、それに合わせたやり方が必要です。

〈じっくり〉型で一つ一つ納得しないと先に進めない人は、比較的長時間、集中できます。しかし、そういう人に多くのことを短時間にさせようとすると、かえって集中力が低下します。〈じっくり〉のペースを乱さないことです。

〈せっかち〉型の人は長く集中できません。どんなに好きなことでも、ずっとしていると飽きてしまいます。一つのことを長時間させるのは苦痛でしかないのです。十五分勉強して五分気分転換するくらいの、短い積み重ねがうまくいきます。

人によっては〈ながら族〉の方が集中できます。げんに、今僕は音楽を流し、音を出さないでテレビをつけ、ネット・サーフィンをしながら原稿を書いています。

集中力の長さに合った勉強スタイルを、本人が自分で見つけていくことです。

相談88　高校一年の娘の海外旅行の計画に不安

友達同士で二泊三日の旅行を計画している高校一年生の娘と、喧嘩になっています。母親としては、海外ですし、何かあったらと安全面でとても不安です。ところが「気をつけるし、友達と思い出を作りたい。自分だけ行かないのは嫌だ」と言って聞きません。何とか説得する方法はないでしょうか。

◆出すも出さないも親の覚悟が必要

これは迷いますね。子どもの気持ちもわからなくはありません。小生も、友達との旅行は忘れられない思い出となっています。高校生ともなると、自己責任が増えていく年代ですから、旅行も、その延長線上で認めてあげたい気もします。

一方で、昨今の国際情勢を考えてみると、強い不安を覚えるのも事実です。

グループのほかの親御さんは賛成しているのでしょうか？　可能であれば、まず、親同士で話し合ってみるとよいかもしれません。娘さんだけが不参加というよりは、旅行自体を見直してみる、あるいは、できるだけ危険の少ないプランにしてみるというのが、現実的な妥協策かもしれません。

お国柄によっても考え方がまちまちです。欧米では、自己責任の考え方が徹底していますから、基本は「可愛い子には旅をさせよ」でしょう。親は子どもを信頼し、子どもも親の信頼に応え、自分で考えて行動します。そういうプロセスを経て、親離れ・子離れが進んでいき、子どもは大人になっていくのです。

でも、やっぱり迷いますねえ。いくら子どもを信頼していても、いくら子どもがしっかりしていても、このご時世、何が起こるかわかりません。何かあったらと思うと、容易には認め難い気もします。

出すにしても、出さないにしても、親の覚悟が必要です。決心したら、ぶれないこと。説得できない時は、親の責任で禁止にしてしまいましょう。どっちにしても、心配は残ります。とどのつまり、親の自己責任で決断していくしかないように思います。そして、親の覚悟は、いつか子どもに伝わると思います。

相談89　中学生の息子が「髪を染めたい」

中学生の息子が髪を染めたいと言い始めました。友達の中には染めている子もいるようです。親としては、高校生までは黒髪のままでいてほしいのですが、なんと説得すればよいのでしょうか。

◆みんなに合わせることは真にカッコ良いことか?

少し前に、友達同士で二泊三日の海外旅行を計画している娘さんのご質問がありました。髪を染めることは、海外旅行よりは深刻でないかもしれませんが、今回のご質問も似たような部分があります。つまり、絶対的にダメということではないけど、親としてはあまりやってほしくない。でも、時代もあって染めている人は少なからずいて、それを真似してみたいという気持ちもわからないではない……

まず、以前お答えしたように、未成年で親に養育されている立場ですので、ダメなものはダメで押し切るのも一つの方法です。

説得するにしても、旅行と違って危険であるという理由はつけられず、ダメな理由を考えるのが難しいですね。

ここでは「染めることはカッコ良いことか?」という論点で考えてみます。

髪を染めるということは、他人からカッコよく見られたいという気持ちの表れでしょう。でも、髪を染めることでカッコよく見られるものでしょうか?

まず、みんなと同じことをすることは、個性の表れとは言えません。さりげなくみんなと違うことをする、あるいは、自分のスタイルを貫くことが、真にカッコ良いことでしょう。

また、なんでもかんでも周りに合わせて、付和雷同を繰り返していくと、真の個性は決して発揮されません。

さらに、髪を染めたところで、ちやほやされるのは最初の数日だけで、何日か経つと、目新しいことでもなんでもなくなります。

そして、そもそも、周りの人は、自分が思っているほど、自分の髪の色なんて気にしていません。

つまり、髪を染めるのは、自己満足の意味合いが強いのです。

それでもどうしてもやりたいのであれば、どうぞおやんなさい！　黒髪のほうが、よほど綺麗で、格好いいけどね……

相談90 受験生の娘に「がんばれ」はプレッシャーか

高校受験のため、中三の娘と一緒に日本に帰国しました。娘はストレスで体調を崩してしまいました。合格できるか、日本で友達ができるかなど、不安や心配事が大きいようです。「頑張れ」と言うのもプレッシャーをかけているようで、親としてどのようにサポートすればよいか悩んでいます。

◆親にできるのは環境設定だけ

ストレスで体調を崩すということは、そのストレスが的を射ているということです。反対に、体調を崩さないストレスは、まだ何とかなるということです。

ともあれ、周囲はもどかしい限りですね。「頑張れ」という声援は十中八九、プレッシャーになります。さて、どうしたものでしょうか？

家族の基本対応は「後方支援」「援護射撃」です。勉強は本人しか頑張れませんから、親は本人が最大限頑張れるよう、環境設定をするだけです。部屋を暖かくし、美味しい食事を作り、勉強しやすい環境を作る。腫れ物に触るような態度は取らずに普通に接する、などです。そして、春以降のことは合格後に考えることとしましょう。

本人に「頑張れって言うのもプレッシャーかもしれんし、お母さんはどんな応援をしたらいいかな?」と聞いてみるのもよいでしょう。案外と「私は頑張れって言ってもらったほうがいいかも」と返ってくるかもしれません。「子の心親知らず」です。

もし、この質問に対し「こうしてほしい」と答えられる冷静さがあれば、あまり心配はいりません。普段通りの生活をしていれば十分でしょう。

余裕がない場合は、疲れが溜まっていることも自覚できなくなります。休息の声かけが必要かもしれません。「休むことも受験のうち。頑張りすぎて当日に気力・体力がなくなるといけないね」と声をかけてあげましょう。

ともかく、実際に言わずとも「頑張れ」という雰囲気だけで、十分なエールになりましょう。風邪をひかずに、無事に桜咲く日が来ることをお祈りしています。

相談91　だらしない中三の息子は発達障害？

中三の息子はだらしがなく、雑な子どもです。長男だけに緊張しながらも愛情いっぱい育ててきました。育てたように子は育つと言うのに、どうしてこうなのかと自己嫌悪になります。発達障害なのかと思ったりもします。

◆親が自分の性格を変えてきた過程にヒントがある

子どもは親が育てたようには育ちません。そうではなく、親のように育っていきます。親から子へと引き継がれていく遺伝子と、毎日の生活の中で、知らず知らずのうちに親と同じような子どもに育っていくのです。

うちの子はどっちにも似ていない、という声が聞こえてくるようです。そんなご両親は、もともと持っている性格を努力で克服し、生まれつきの資質とは異なった大人になっていったのです。

隔世遺伝という考えがありますが、遺伝子は一世代ずつ伝わっていき、完全に世代をスキップすることはまれです。スキップしたかのように見える世代は、自分で克服したに過ぎないのです。

この克服過程にヒントがあります。どうやって自分の性格を変えていったか、それを思い出してみると良いでしょう。厳しい躾だったか、自分で考えて変えていったか、どうでしょうか？

「お前は雑な子どもだ」ということを僕もずっと言われてきました。今もそう思う瞬間は多々あります。その意味では、発達障害の一員かもしれません。でも、雑かもしれないけど、多くのことをざっとこなすには悪い性格ではありません。ざっとこなした後に、細かいところを仕上げていくようにしています。この原稿だってそうです。

根が物臭な人間は、緻密な作業はとっても苦手です。大雑把なアプローチから入り、少しずつ丁寧に仕上げていくようにする方が性分にあっています。

批難だけでは改善しようと言う気持ちは増えません。嫌なことを言われて、それが図星であればあるほど、そこから逃げ出すのが物臭な人間の性分だからです。注意はほどほどに、大雑把でもすべきことをしていれば、まずは褒めるようにしてみてください。

相談92　中学生の息子と娘の仲が悪い

中学生の長男と長女の仲が悪いです。それぞれ両親や祖父母とは話すのですが、互いにほとんど話しません。子どもの頃はとても仲が良かったので、とても心配です。

◆思春期の男女ならではの微妙な事態

血の繋がった人間関係は、利害で繋がっているそれと異なり、複雑な葛藤があって、端からは計り知れない様相を呈します。

「真田丸」の真田兄弟だって、仲が良いように見えて、お互い複雑な感情を相手に抱いていいます。最後には敵味方に分かれて戦う羽目に陥ります。でも、憎しみあって分かれたかというと、そうでもなく、血が繋がっているからこそ、敵味方に分かれていても、気持ちのどこかでは繋がっている、そんな雰囲気が見て取れます。

ご質問は、思春期の男女という要素が、事態を微妙にしています。

同性では、相手をライバルと見なし、周囲がそれぞれを比較したりすると、本人同士も気まずくなります。この場合は、一人ひとりがかけがえのない存在であり、得手不得手はそれぞれであって比較をしても仕方がない、それぞれの良いところが伸びていくように、贔屓なく接していけばよいでしょう。

異性でもライバル葛藤は起こります。愛情の競い合いもありうるでしょう。ややこしいのは、思春期の子どもにとって、異性の親は生まれて初めて異性として意識する存在だということです。男子にとっては母親が、女子にとっては父親がそうです。

もちろん、思春期ですから、あからさまに表面に出るような態度は取らず、つれない態度の中に、想いが滲み出てきます。両親が不仲だと子どもも不仲になります。自分の仮想パートナーの比較をしているかもしれません。

現代日本ではタブーですが、兄弟姉妹間でも男女の想いが育まれることは珍しくありません。古今東西の神話や昔話によく登場するテーマです。

異性の感情が影響しているのであれば、年齢が進み、本当の異性パートナーが登場すれば、跡形もなくなります。しばらくそっとしておくので十分でしょう。

相談93　中三の娘が振られてしまった

中学三年生の娘が初彼に振られてしまいました。二年ほど付き合っていたようです。夫は少し嬉しそうですが、つらそうな娘を見ていると同じ女性として心が痛みます。どのようにケアをすればよいでしょうか。

◆時が経つのを待つことにまさるものはない

失恋に限りませんが、何かを失ったときの心のケアには、いくつかのやり方があります。（1）対象の価値を下げる、（2）状況を相対化する、（3）何かで気を紛らわせる、（4）時が経つのを待つ、の四つです。

価値を下げるやり方は、「あんな男とは別れてよかった。どうせ釣り合わないもんね。もっといい男探してやる！」など、強がるやり方です。聞かされている周りはたまったものではありませんが、あれこれ言っているうちに時が経っていきます。

相対化するやり方は、「世の中には男はゴマンといるのだから、そのうちもっといい男が見つかるだろう」と、俯瞰的に状況を分析する方法です。ただ、感情よりも理性が勝っているタイプの人でないと、なかなかこの方法は使えません。

気を紛らわせるのは、文字通り、別のことに没頭したり、新しい男を探して遊びまくったりするやり方です。これも、傍から見ているとかなり痛々しい気がしますが、心の痛みをやわらげるには良い方法です。一番多く使われる方法かもしれません。

ただ、結局のところ、時が経つのを待つことにまさるものはないようにも思います。失った心のつらさを感じながら、痛みが薄れるのを待ち、記憶の中に風化していくのを待つしかないのです。

ありがたいことに、人間の心身には、受けた傷を修復する機構が備わっています。毎日の生活を淡々と続けていく中で、ふと気がつくと、生々しかった傷が、いつかカサブタになり、そのカサブタもいつか剝がれていきます。

周りができることは、痛手を負った本人の傍らでそっと見守り、美味しい料理と安らかな睡眠を確保してあげること、そして、本人が語り始めたら黙って話を聴いてあげることくらいでしょうか。

相談94　SNS上での娘や息子とのつきあいかた

ソーシャルネットメディア上での子どもたちとの付き合いに悩んでいます。娘や息子はフェイスブックやツイッターを使っており、友達申請やフォロー申請したのですが、無視されたままです。直接、子どもたちに聞いた方がいいのでしょうか。

◆仲間との絆に親の入り込む隙はない

「一番大切な存在は誰か」ということについて、発達の面からお話をしたいと思います。専門用語では「対人関係性の発達」などと呼びます。

言うまでもなく、赤ちゃんにとって一番大切な存在は母親です。世界のすべてが母親です。年齢があがると、父親もそれに加わり、家族のメンバーも大切な存在になってきます。これが小学校低学年くらいまでの発達です。

学校が始まり、集団生活の楽しさを味わえるようになると、家族に加え、学校が大切になってきます。余談ですが、最近は学校生活を巡って窮屈なことも多くなり、大人も子どもも、集団生活の第一歩たる学校生活を愉しめなくなっているようで、とても残念だと思います。

さて、小学校高学年から中学校に差し掛かってくると、友達という存在が大きくクローズアップされてきます。「仲間」の登場です。家族とはまた別の太い絆で結ばれるようになります。もちろん、多くの場合、最初は同性の仲間から始まっていきます。

仲間の絆は、家族の絆と同じくらいかそれ以上に太いものです。終生の友達関係ができるのもこの頃からです。

仲間の絆に支えられて、子どもは親や家族からの自立を果たしていきます。これが思春期の反抗の時期と一致するのも偶然ではありません。親への反抗を支えているのは、それまで培ってきた家族の絆と、新しく結ばれた仲間との絆なのです。

この頃になると、親に対する「秘密」も出てきます。何も危なかしい秘密ではなく、秘密を共にすることで、仲間とのつながりが強化されるのです。残念ながら、そこに親の入り込む隙間はありません。ないのが正しい発達です。

ですから、友達申請はスルーされるのが、健全な発達と言えましょう。

相談95　親からフェイスブックのリクエストに困惑

最近フェイスブックを始めました。親に黙っていたのに、お母さんからリクエストが来て困っています。親から監視されているようで嫌な気持ちになります。言論の自由が欲しいです。

◆人間存在に「隠し事」はつきもの

「お互いに隠し事など一切無いのが理想の親子関係だ」という意見があります。ためしに、この「親子関係」という部分を、別の言葉、たとえば「友達関係」「夫婦関係」「師弟関係」などに置き換えてみましょう。それでも「隠し事のないのが理想の関係」と言えるでしょうか？

そもそも、自分を省みて、自分に対して何か隠し事はないでしょうか？つまり、自分の中で、何か目を逸らそうとしている「秘め事」はないでしょうか？

人間という存在には「隠し事」が必ず伴うのです。そして「隠し事」を暴こうとする営みも伴います。過度に隠すと、無理矢理暴かれます。バランスが大切です。「隠し事は人間関係のスパイス」というくらいがぴったりです。

思春期に入ると親には言えないこともでてきます。親は、人の道に反するようなことをしていないか、心配になります。現代の世の中では、道から外れることは容易だからです。

でも、思春期の子どもたちの「隠し事」の大半は、実は、些細なことです。親に打ち明けても他愛のないことがほとんどです。だったらどうして隠すのか、と思われるかもしれませんが、大事なことは隠している内容ではなく、隠しているという事実そのものです。

親には言えないことを心に秘めるようになることは、精神的に大人として歩き始める第一歩です。それをすべて暴き立てようとするのは、子どもの成長を妨げることになり、よけいに何でも秘密のヴェールに包んでしまう結果を招きます。

本当に大事なことはちゃんと言いなさい、と釘だけさしておいて、あとは、見て見ぬ振りをしていればよいのです。親子で何でも話し合える年齢は過ぎ去ったのです。

と、広瀬が言っていたとお母さんに伝えてみてください。

相談96　高校生の息子がスマホゲーム依存症?

高校生の息子が、毎月三千円のお小遣い全額をスマホのアプリに課金しています。課金は控えるよう伝えても、「使い方は自由。むしろお金がもっといる」などと聞く耳を持ちません。どうすればゲーム以外のことに目を向けてもらえるでしょうか。

◆現実世界で心の通う関係を

依存症の入口にいる状態です。甘い対応をしてしまうと依存症まっしぐらです。周りは断固たる対応をとりましょう。お小遣い全額を課金させてしまったこと自体、しくじったとも思いますが、少なくともこれ以上の金額を与えてはなりません。

激しい態度で要求してきても、決して乗らないことです。母親がダメなら、父親やその他の家族、果ては友達にねだるかもしれません。それが典型的な「中毒症状」だからです。決して渡さないことを申し合わせておきます。一度要求に屈すると、無間地獄に陥ります。初期ではねつける方がまだ簡単なのです。

ご質問にあったように、ゲーム以外のことに目を向けてもらうのが、解決の王道です。息子さんにとって、ゲームよりも楽しい現実とはなんでしょうか？

およそゲームに逃避するのは、現実世界の人間関係（家族と友達）でうまくいっていない場合がほとんどだそうです。家族か友達のどちらかで、多少なりとも心の通う関係ができれば、ゲームに逃避しないで済むかもしれません。

ただ、家族も友達も両方ともうまくさせる、というのは難しいでしょう。友達とうまくいっていなければ、家族で支えます。家族がうまくいっていなければ、家族の中で話をして、家庭内を少しでも良い雰囲気にしましょう。

依存症の治療の鉄則は、本人が「やめたい」と決心することだそうです。際限ない課金をブロックし、人間関係が好転してきて、ゲームより楽しいことがあることがわかれば、依存から抜けようという決心もついてくるでしょう。

相談97　息子が「バイク免許を取りたい」

十六歳になる息子が、オートバイの免許を取るといい始めました。夫の友人がオートバイ事故で亡くなっていることもあり、両親ともに絶対反対なのですが、息子は聞く耳を持ちません。

◆心配と信頼を伝えた後はリスクをとるしかない

子どもはみんな、こうやって大人になっていきます。危ないと言われ、駄目と言われ、それでもそれを乗り越え、自分の足で、自分の責任で世の中に出ていきます。

人生経験が少ないので、失敗もします。親からすれば、命を失うという取り返しのつかない失敗が心配です。それでも、子どもは冒険の海に乗り出していきます。

最大限の説得をしても伝わらないのなら、覚悟を決め、子どもを信用して、送り出すしかありません。それが、リスクをとるということです。子どもを手放すということです。親の心配と信頼が伝われば、少しは慎重になるかもしれません。

いやいや、われわれ親はそんなに出来た人間ではない。そもそも、あんなオッチョコチョコチョイでいい加減な奴に、バイクの運転なんかできるはずがない。自分が事故にあうだけならまだしも、誰かを事故に巻き込むかもしれない。信用なんかできない。何があっても許せない!!

それならば、子どもがすべて責任を取れるようになるまでは、認めなければいいのです。日本の法律（民法）では「未成年者が法定代理人（親）の同意を得ないでした法律行為は、取り消すことができる」とあります。教習所などの契約は、親が許可しなければ取り消すことができるのです。理不尽だという向きもあるでしょうが、未成年とはそういうことです。費用だって、親が出さないと難しいと思います。

親が断固反対なら、日本の法律上は二十歳になるまでは、親の力が強いのです。でも、二十歳を超え、自分でお金をためてしまったら、もうどうすることもできません。それまでに、心の準備をしておくしかありませんね。

さあ、どうしましょうか？

相談98　大学に入った息子が勉強しない

四月に大学に入学した息子がいるのですが、授業に出席しません。一人暮らしで部屋にひきこもったり、友達と遊んだりして、全く勉強していないようです。「大学はとにかく卒業できればいい」という気持ちでいるようで、どう話し合えばきちんと大学生活を送ってもらえるでしょうか。

◆自分の行動の責任は自分でとらせる

最近の大学は結構厳しくて、一昔前ののんびりした態度では、留年は必至です。大学によっては、そういうことを本人ではなく保護者に連絡してきたりします。なので、いつまでたっても一人前の大人になれません。

一人前の大人というのは「自分の行動の責任は自分で取る」ということでしょう。行動の自由が格段に増える分、責任も重くなります。こういったことは頭で考えただけではピンときません。ですから、留年という制度があるのだと思います。

ここで親としては、どういう「責任の取らせ方」をするかを考えましょう。一番重たい責任の取らせ方は、年数を区切ること。たとえば「大学は四年で出ること。それ以上の学費は払わない」という契約をする、そして、これを本当に実行することです。

「せっかく入った大学だし、中退させるくらいならもう一年、親が学費を負担して」と思うのは、無理からぬ人情、とも思います。しかし、こういった中途半端な人情が子どもをいつまでも甘やかし、「一人前の大人」にするのを妨げているともいえます。

他方、そんな不人情なやり方ではなく、子どもを信じ、何年でも学費を出し続ける、いつか子どもも親の期待に応えてくれるだろう、という方法もあるかもしれません。

これまでの親子関係に照らして、どちらのやり方があっているか、筆者は判断できません。ただ、質問の文面からは「甘えと甘やかし」の気配が漂います。しっかりと責任を取る大人になってもらうために、あえて厳しい契約を取り交わしてみるのもよいのではないかと思いました。

相談99　夫と別居を始めた娘に親ができることは

結婚四年目の娘夫婦が別居を始めました。娘は修復したいと、仕事や育児をがんばっていますが、夫は離婚したいと一点張りのようです。親が助けてあげられることはありますでしょうか。

◆口を挟まずにサポートに徹する

「仕事や育児をがんばっています」ということは、「夫婦関係を修復したい」というよりも、次の生活を見据えての頑張りのような印象を受けました。限られた文面からのコメントなので、ちょっと的外れかもしれません。でも、二人の関係を見直そうという気持ちが、なんとなく伝わってこないのです。

という感じですから、夫婦関係のような微妙な関係について、親とはいえ第三者があれこれ言うのは差し控えた方が無難だ、と筆者は思います。

第三者ができることは、娘さんの進んでいく人生の方向性に対して、とやかく口を挟むことではなく、娘さんが決めた方向に対してできる範囲のサポートをしていくことでしょう。

仮にどうしたらよいか迷っているように見えるときでも、子どもとはいえもう成人した立派な大人ですので、進路は自分で決めていくよう、話をじっと聴いてあげるくらいにしておくのがベターだろうと思います。

娘さんが、お孫さんに対するサポートを希望しているのであれば、出番かもしれません。預かったり、遊んであげたり、泊めてあげたりなどのお手伝いをしてあげましょう。もう歳だし「負担が増えると大変」ということならば、「ここまでなら手伝えるよ」というリミットセッティングをしておきます。

繰り返しになりますが、こんなに手伝ってんだからと、娘さんの人生の方向性に向かって口を出すことだけは避けてください。もどかしいようですが、手は出しても口は出さない、ということに徹してあげられるとよいと思いました。

相談100　虐待されて育った自分は同じことを繰り返す？

親に精神的に虐待されて育ってきました。自分が母親になった今、同じことを繰り返さないか、怖くてたまりません。

◆今を充実させることで辛い過去を葬ることが可能になる

虐待されて育ってきた人が、自分の子どもに虐待してしまうことを、虐待の世代間連鎖と呼びます。

育児のお手本は自分の育てられ方です。人は自分が育てられたのと同じ方法でしか、子育てをできません。幼い頃、親に言われたこと、親からされたことを、どうしても繰り返してしまうのです。

でも、それでは虐待の世代間連鎖を止めることはできません。

こんな研究があります。虐待をされてきた人が虐待を繰り返すか否かの違いは、自分がされてきた虐待について意識しているかによる、というのです。つまり、自分が虐待をされてきたことから目を背けずに、辛い思いを抱えながらも、生活してきていれば、自分が虐待をしてしまうことは少ないというのです。

反対に、自分がされてきた虐待から目を背けて、あたかも虐待が無かったかのように過去にフタをしてしまうと、無意識のうちに、虐待を繰り返してしまうのです。

自分がされてきた虐待から目を背けないでいることは、とっても苦しい作業です。苦しくて目を背けたくなるうちは、急いで目を向けなくてもよいと思います。人から言われて目を向けるのは、もっといけません。

苦しい過去と向き合うのは、時がきて、自分から思い出し、辛い出来事を過去のこととして葬ることができそうになってからがよいと思います。

そのためには、今を充実させる必要があります。今の生活を少しでも豊かに、気持ちにゆとりを持って、笑いながら楽しい生活を送れるようになることが第一です。

そんな生活の中で、無意識に、自分の育ってきた過程を反芻していれば、それとは違った子育てができるようになります。

ご質問の方は、それ以上のことができています。つまり、意識して振り返ることができています。虐待の連鎖は防げるだろうと思います。

コラム■子育てのコツ5カ条

1、遊びが仕事

千年前の梁塵秘抄にも「遊びをせんとや生まれけむ」とあります。大人には無駄に見えることでも、子どもにはとても楽しいもの。「楽しい」という感覚がとても大切です。そして、本物からのリアルな楽しさに勝るものはありません。触覚・視覚・聴覚・嗅覚・味覚をフル回転させ、楽しさを満喫させてください。

2、好奇心は成長の原動力

大人から言われずに勝手に遊んでいることが、一番の楽しさをもたらします（除ゲーム）。走り回る子、工作好きな子、本が好きな子、おしゃべりが好きな子、虫が好きな子、電車が好きな子、生まれ持った資質は千差万別です。子どもの好奇心を邪魔せずに育てることが、その子の資質を生かす自己実現となり、幸せへの道なのです。

3、甘えは栄養

親に十分甘えることが自立への必要条件です。小さい頃にたっぷりと甘えさせてください。ただし、何でもかんでも要求を聞き入れることは甘やかしです。子どもの気持ちはできるだけ受け止めてあげつつ、物質的にダメなものはダメで構いません。

4、怒るより褒めろ

「失敗は成功のもと」は理性の備わった大人に当てはまることです。子どもは「できた！」という達成感や成功の喜びが、何よりの発達の原動力です。「成功は成長の母」です。ちょっとしたことでも、うまくいったらどんどん誉めて育てましょう。

5、ほどほどの親でよい

とは言うものの、現実はそううまくはいきません。百%完璧な親なんていませんし、それを目指すと親子ともども窮屈になります。腹八分目、ほどほどで良いのです。他の生きがいも捨てないよう、子どもとの距離を測りつつ、親も人生を楽しんでください。

おわりに

インドネシアの首都ジャカルタで、在留邦人の発達・子育て相談会に参加するようになったのは二〇〇七年三月のことでした。海外邦人医療基金ＪＯＭＦの海外巡回健康相談事業の一環です。相談会は年に一回のペースで今も続いています。

当時は、今ほどインターネットも普及しておらず、基本的な子育ての質問を数多くいただきました。海外であろうがなかろうが、子育ての悩みは普遍的なものでした。そこで、筆者からじゃかるた新聞誌上での子育て相談を提案し、さっそく連載が始まりました。

二〇〇七年五月五日から現在に至る連載の中から、普遍的な内容の百編を選んで一冊にしたものが本書です。個々の質問は、じゃかるた新聞の担当記者がお母さんたちから集めてきてくださった生の質問です。個人情報はすべて匿名化してあります。

八〇〇字という字数ですが、多くの考え方を盛り込むようにしました。子育ての答えは一つではなく、さまざまなやり方を工夫してほしいと願っての〝てんこ盛り〟です。

この連載は、一九九八年十一月にインドネシア唯一の日本語日刊紙であるじゃかるた新聞を立ち上げた、初代編集長故草野靖夫氏のご理解が無くては始まりませんでした。歴代の編集長と担当記者の皆様にもお世話になりました。質問をお寄せくださったお母さんたちと併せ、心より御礼申し上げます。

単行本化にあたり、三百以上の連載原稿からの取捨選択など困難な作業をお願いした岩崎学術出版社の長谷川純氏にも深謝申し上げます。

子育ては未来を作る営みです。携わっている皆様に心からのエールを贈ります。

二〇一九年六月七日

広瀬　宏之

な行

は行

ま行

や・ら・わ行

た行

索　引

あ行

か行

さ行

著者略歴

広瀬宏之（ひろせ　ひろゆき）

1969年　東京都に生まれる

1995年　東京大学医学部医学科卒業

1995～1996年　東京大学医学部附属病院小児科

1996～1999年　千葉徳洲会病院小児科

1999～2003年　東京大学大学院医学系研究科生殖・発達・加齢医学専攻

2003～2007年　国立成育医療センターこころの診療部発達心理科

2006～2007年　フィラデルフィア小児病院児童精神科

2007～2008年　横須賀市療育相談センター開設準備室長

2008年～　横須賀市療育相談センター所長

2015年～　放送大学客員准教授「精神医学特論」担当

著　書

『図解　よくわかるアスペルガー症候群』（ナツメ社）

『「もしかして、アスペルガー？」と思ったら読む本』（永岡書店）

『「ウチの子、発達障害かも？」と思ったら最初に読む本』（永岡書店）

『発達障害支援のコツ』（岩崎学術出版社）

共　著

『療育技法マニュアル第18集 発達障害とのかかわり』（小児療育相談センター）

『新訂 精神医学特論』（放送大学教育振興会）　ほか多数

翻訳・監訳

S. グリーンスパン『自閉症の DIR 治療プログラム』（創元社）

S. グリーンスパン『ADHD の子どもを育む』（創元社）

S. グリーンスパン『こころの病への発達論的アプローチ』（創元社）

発達・子育て相談のコツ
—小児精神・神経科医の100問・100答—
ISBN978-4-7533-1152-1

著者
広瀬宏之

2019年6月30日　第1刷発行

印刷・製本　（株）太平印刷社

発行所　（株）岩崎学術出版社　〒101-0062 東京都千代田区神田駿河台 3-6-1
発行者　杉田 啓三
電話 03（5577）6817　FAX 03（5577）6837